JN144815

国学の曼陀羅

宣長前後の神典解釈

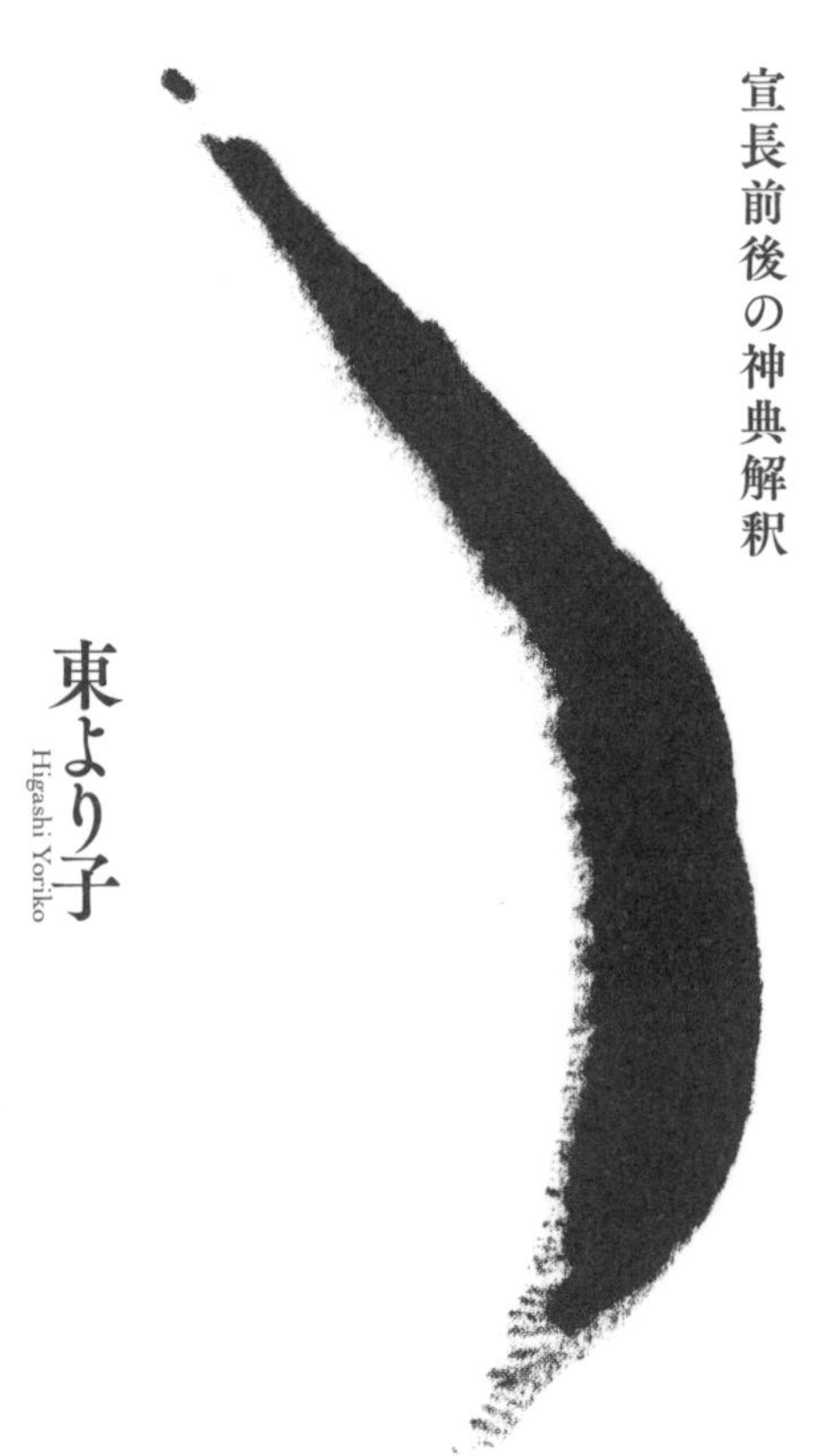

東より子
Higashi Yoriko

ぺりかん社

まえがき

本書『国学の曼陀羅』の趣旨は、もろもろの「国学」を集積体として読み解く作業である。それは、多くの著者が類似しながら照応するように、集積体、つまり「国学の曼陀羅」をなすような総体とすることである。[*] ただし、その完成者である本居宣長の前後・同時代に身を置き、『古事記』を読み解いたそれぞれ違った人々を取り上げていく。

江戸時代は、儒学が大きく発展し、支配的な位置を占めた時であった。その傍流として、古典の和歌や国史と結びつけて、契沖・荷田春満・賀茂真淵らを「国学」の名で呼ぶ領域がうまれてきた。そのなかで影響を受けた本居宣長は、皇統の起源の物語として『古事記』を読むことに誰よりも自覚的であり、それまでに『古事記』がこういう形で読み通されることはなかった。『古事記伝』において、『古事記』は「皇国」の正しい皇統を伝える物語となったのである。これが『古事記』を注釈した結果であり、数々の「古言」を媒介に解き明かされた、〈事実〉としての「皇国」にほかならない。こうした日本最古の文献である『古事記』は、過去が現在から独立した過去、つまり単なる過去であるのではなく、書かれた時代と「同時的」であり、〈神話〉であることに対峙するような書物となっていく。

その仕方は、田安宗武のように将軍継嗣問題を読み込んだり、上田秋成が物語と捉えたり、橘守部のようにタブー観をもって読んだり、富士谷御杖のように深層心理学的に深く読んだうえで現実的に斎宮論を唱えたり、といったものである。このように幅をもつ〈神話〉として選ばれた『古事記』は、多くの著者によるどのような「類似」や「照応」をもち、それらの解釈に組み込まれたものであったのか。『古事記』は、解いても解いても消えない謎に満ちた書物として映る。そこに、わずかな矢を射ってみたい。

＊安藤礼二『光の曼陀羅――日本文学論』（講談社、二〇〇八年）六一五頁参照。

国学の曼陀羅＊目次

第1章　田安宗武の『古事記詳説』——皇位継承観を中心に——

田安宗武（たやすむねたけ）は、一七一五年（正徳五）十二月に紀州藩主であった徳川吉宗の第二子として江戸に生まれた。父吉宗は、翌一七一六年に八代将軍となり、以後三十年の長きにわたって政権を担い「中興の祖」といわれている。宗武は、十七歳のとき後年御三卿の一つとなる田安家を創立し、二十一歳で関白近衛家久の娘と結婚し、一七七一年（明和八）六月に五十七歳で没するまで、終生江戸で生活することになる。彼の子に白河藩主で老中になった松平定信がおり、享保改革と寛政改革という、政治の表舞台で活躍した著名な父や息子と違って、宗武は政治的には注目される存在ではないといえよう。しかし、彼は荷田在満（かだのありまろ）や賀茂真淵（かものまぶち）を招聘したことで知られているように、歌人であるとともに古典への造詣が深く、歌学・古典注釈・仮名遣い・有職故実などに関する著書を多く残している。あまりの学問好きは三卿に似合わぬ不行状として、将軍に注意を受けたほどであると伝えられている。(1)

宗武の学問で最も有名なのは、彼と在満や真淵との間に展開された『国歌八論』論争であるが、将軍家に直結する人物であるとともに前期国学の代表者真淵を師と仰いだ人物であることを考えると、彼が『古事記』の注釈を行なっていることはもっと関心をもたれるべきだと思われる。宗武の『古事記』観は、遺臣長野清良が宗武没後の一七八〇年（安永九）の識語を付す『古事記詳説並別記』（以下、『古事記詳説』）にみることができる。成立は、宗武が五十歳を越えた晩年に近い頃と考えられる。彼にはそれ以前に成る『古事記頭書』という書き入れ本が残されているが、両者の間には著しい研究上の進展がみられる。彼の研究は、近世の『古事記』研究の基礎を築いた度会延佳の『鼇頭古事記』をもとにし、荷田家や真淵の影響下に進められていたであろう。また、新井白石の『古史通』はすでに成り、未刊ではあったが、白石門下の土肥霞洲を師にもつ宗武はおそらく読んでいたと考えられる。[2] 彼は記紀研究が新たな時代を迎える真っ只中で『古事記』に取り組み、それまでの『古事記』全巻の注釈としては最も詳細で独自な解釈を提示している。本章の目的は、宗武が『古事記』の「神代」に何を見出し、自己をどのように認識したのかを明らかにし、彼を近世国学に位置づけるための一つの素材を提供することにある。

一

宗武の『古事記』理解の特質は、神代も含めて全巻を、人間の政治的世界の出来事として歴史的・合理的に解釈し通すことにある。国文学の立場から唯一の全体的な宗武研究書を書いている土岐善麿は、「歴史を伝説から独立せしめる態度をとつた『古史通』及び『古史通或問』の著者新井白石と宣長との間にあつて、古事記研究の発展過程を示すものといへるであらう」[3]といっており、また次田真幸は「白石の『古史通』における古伝解釈法と極めて類似性が多く、神話伝説の類を総て歴史事実として解釈する傾向が強い」といっている。[4]周知のように、白石の記紀理解の特質はその徹底した歴史主義的解釈にあるが、その目的は「旧事紀古事記日本書紀等の書はみなこれ朝廷の勅旨に係りて我国上古神世より始て歴代君臣の事業を記載せられし所」[5]（『古史通』読法凡例）というように、勅命による史書を『旧事紀』を中心に据えながらも一応資料的に等価に扱い、そのうえで「いづれの書に出し所なりとも其事実に違ふる所なく其理義において長ぜりと見ゆる説にしたが」[6]（同前）って自ら取捨選択し、正しい「古史」を復元・再構成することにある。それに対して宗武は、すでに定説となっていた『旧事紀』偽書説をとり、また『日本書紀』ではなく『古事記』を「国史」の第一に置いて、しかも校訂よりも訓読に重きを置きながら、注釈という方法で対象に取り組んだのである。つまり、『古事記詳説』と『古史通』および『或問』とは、基本的な視点そのものがきわめて異なっているのである。しかし、白石が中世神道流の神秘的諸説を排して、儒教的合理主義と古史尊重とを判断基準にして、錯綜する古史古伝を整理した点[7]において、宗武はまさに白石の後継者たるにふさわしい。そこで、宗武の独自性を探るために、白石の神代観と対照しながら、彼の『古事記』観をみていくことにする。

宗武は、冒頭の「高天原」を「後にいふ皇都なり」（一三五頁）[8]と明言し、同じく高天原といっても漠然と天を表す場合と区別している。この高天原解釈は、最も白石の影響下にある理解であり、二人の歴史主義的な方法の原点だといわれている。宣長が「高天原」を「天神の坐ます御国」である「天」としたことが、彼の神代観の出発点となったことを考えれば、宗武には白石に比べて大きな発想の転換はないともいえる。しかし、そこにも彼の独自性が息づいているように思われる。白石は、「高」の訓みは「多珂（タカ）」だから常陸国多珂郡を指し、「天」は「阿麻（アマ）」と訓むように注があるので「上古の俗に阿麻といひしは海」であり、「原」は「上古之俗に播羅（ハラ）といひしは上」であるとして、古語の「多珂阿麻能播羅（タカアマノハラ）といひしは多珂海上之地」[9]（『古史通』巻一）と解釈する。彼は、高天原が日本のどの地に当るのかに強い関心を示し、語呂合わせとも思える方法により場所を確定していく。彼にとって「上古の語言のありしまゝに猶今も伝はれるは歌詞と地名との二つ」[10]（『古史通』読法凡例）なのであるから、地名に還元するのは彼の一貫した方法であり、そこに歴史的事実としての実証性の根拠の一つを置くのである。それに対して、国語学者でもある宗武はそうした牽強付会にはくみせず、高天原の「高天ハ貴きいひ、原ハ広大のいひ」（一三五頁）として、天上の世界ではないが、皇都の尊称の意味として捉えるに留まっている。つまり、宗武は歴史主義的とはいっても、白石のように具体的な実証性をストレートに『古事記』に求め古代史を明らかにしていこうとするのではなく、あくまで『古事記』が描いている政治思想的意味を探ろうとしているように思われる。そこに、ある意味では、『古事記』（以下、『記』）に規範的原型をみようとする宣長の方向へと通じるものをみることができるかもしれないが、それは後述するようにきわめて限定された関心に基づいていたのである。

次に高天原に成る神々について宗武は、「天御中主神とは、都の主とまうせるに同じければ、独りの御名にハあらで、天皇の御通称也。高御産巣日と神産巣日とハ、後に高木大御神をまうしまつれば、是も天子皇帝などの号に同じ」（同前）とし、この三代は「独りの御名しられざるより」そうした通称で名づけられているが、実際は、天御中主神は「天皇の始メ則チ高祖」であり、高御産巣日・神産巣日はそれぞれ二代・三代の天皇であるとしている（一九五頁）。そして第四代天皇が、「国稚く浮きし脂の如くして、久羅下那州多陀用弊流（クラゲナスタダヨヘル）時、葦牙の如く萌え騰る物に因つて成」った宇麻志阿斯珂備比古遅（ウマシアシカビヒコヂ）である。この名は、「いまだ幼なくませし程に、父の大御神〔神産巣日神〕崩御（カンサリ）ませしかば、世の中骨なくなりぬ。さるからに、ややおさまらざりしに、此大御神葦牙のきざしのぼるがごと、およずけますまにまに高天原もとのごとく治りて、つゐに天つすめらぎにならせ給ひし」（一九五頁。〔 〕内は引用者注、以下同）ことに由来するという。そこで、宇麻志阿斯珂備比古遅は幼い時に国が不安定であった経験を「おぼしてにや、第一の皇子にハ天譲りまし、第二の皇子には、しらすべき国あがち給ひて、此御宇（ミヨ）より天都神国都神の二つの御流れとはなしませし」（同前）たのだという。だから、第五代天皇は第一子である天之常立大御神で、その弟の国之常立大神は「国都神の上祖」となり、それに続くいわゆる神世七代が「国都神」の系譜を継ぐという。要するに、彼は天皇家の系譜を『記』の冒頭から始め、それを「天都神」＝「大御神」とし、それが五代となった時点で新たに「国都神」＝「大神」の系譜も誕生したとし、これ以降の神々を両者に分類し系譜づけていくのである（次頁の神統譜参照）。

こうした考えの中にも、白石の『古史通』などの影響をみることができる。まず第一に、「通称」という見方である。『旧事紀』を基本的に信用する白石は、忍穂耳尊の息子には瓊々杵尊のほかに兄である饒速日尊がおり、前者が日向国の高千穂峰に後者が河内国河上の哮峰（いかるがのみね）に降臨したとしているが、そうすると『日本書紀』（以下、『紀』）との間に一つの齟齬が生じる。というのは、書紀では神武天皇東征の最後の段階で饒速日尊が登場するので、天孫降臨から神武天皇の代までの、つまり三代の時間的隔たりを説明しなければならなくなるからである。その矛盾を白石は、「天地剖判の初所ㇾ生神の後世々相襲て天御中主尊と称せしなるべし」[11]（『古史通』巻一）という先例を挙げ、「饒速日尊の御後世々相襲て饒速日尊と称しければ、宇麻志麻治命の事をも古事記日本紀古語拾遺等には饒速日命」[12]（同前、巻三）と呼んでいるのだとして、「襲名」という習慣で解決しようとする。白石のこうした説明は、それぞれの古史の食い違いをどう整合的に理解するかにあるが、『古事記』を

『古事記詳説』の神統譜（―は実子、…は養子、＝は婚姻）

中心とする宗武にはそうした必要性は少ないにもかかわらず、これらの神々を「通称」と捉える点は共通している。それは、白石同様に、神を不死ではなく、生身の人間と捉えるので、時間を異にする同じ神の出現は「通称」と解するほかはないのである。

第二に、「天都神」／「国都神」の系譜分けは、白石の「天統・国統」を想起させる。天御中主神を天皇家の始祖国常立尊と同体異名の神とする中世神道以来の儒家神道の伝統を大胆に否定した白石[13]は、改めて両者の関係をどう理解すべきかを考え、天統・国統という二つの血統を立てている。つまり、古い時代に天下を統一した「大一統の君[14]」（『或問』上）である天御中主神を始祖とする天統と、次の時代に「天命」により君主となる国常立尊を始祖とする国統という二つが並存し、結局、天統の高皇産霊神の娘と国統の天照大神の息子である忍穂耳尊との間に生まれた瓊々杵尊によって、両統は統一され現在の天皇家へとつながると理解するのである。したがって、こうした観点から、『旧事紀』冒頭の「天祖」の名が「天譲日天狭霧国譲日国狭霧尊」であるのは、「天統国統日神の御孫に帰したまひし義をしめされ[15]」（同前）たものであるという。しかしながら、両者を具体的に検討していくと明白な相違がみられる。白石にとっては、時間的ズレはあるが両統は対等な二つの政治的勢力であり、そこには優劣関係は想定されておらず、両統の血統的統一の結果である瓊々杵尊とはいっても、実際のところ「天命すでに帰する所ありて国常立之神統遂に大八洲之国をたもたせたまふ[16]」（同前）というように「天命」によって天統から国統へと移り、「王朝交替[17]」があった、とされるのである。易姓革命を肯定する儒者白石にとっては、王朝の永続ではなく交替こそが歴史的に解明されなければならなかったのである。これに対して宗武の論理には、両統の優劣関係が前提されており、二つの系譜は相互に関係づけられはするが、決して交替可能な血統とはみなされていない。宗武は、先にみたように「天都神」を「大御神」、「国都神」を「大神」の尊称で呼んでいる。『記』では天照大御神だけに「大御」の二字の尊称を加えて、「五柱の天神及高木尊にハ、大御の二字を加へ奉らず。こハ皆同皇祖なるを、かく書るハ、安萬侶が甚しき誤りなり」（一三六頁）として、このほかの天神系の神々もすべて、またその「大妃」にもその出自が国神系であったとしても「大御神」をつけて記している。こうした徹底した両系譜の尊卑の区別は、まさに『古事記詳説』の凡例として長野清良が「皇統皇別諸臣の世系など、その書法混雑し、または本文なるべきを注とするの類、例にならひて改め正たまふ」（一三一頁）と記していることである。つまり、「天都神」＝「皇統」と「国都神」＝「皇別」とを、神名の書法において明示しているのである。さらに宗武の独自性は、次に述べるように、尊卑の別を明確化したうえでの、縁戚関係にある両統の並存の意味づけにある。

『記』の記述を歴史主義的にみると、宇麻志阿斯珂備比古遅を不安定で混沌とした世の中を治めた神とするのは一応納得のいく解釈である。だが、その不安定な政治状況は父神産巣日神が早く亡くなり、幼帝宇麻志阿斯珂備比古遅が残されたからだとする点、およびその経験から直系の「天都神」系の他に第二の皇子に「国都神」系の流れを託したという点は、まったく彼の恣意的な独断である。この奇妙な解釈は、古代というより近世の皇位継承のあり方が影響を与えているのではないかと思われる。一七一〇年（宝永七）、白石の献策と東山天皇の遺勅を受けた近衛基熙の尽力により閑院宮家が創設された。[18] その間の事情が、『光台一覧』には「中御門院御幼年之砌は随分御懦弱に見へたまひける故、其事関東えも洩聞へ、若もの事欠にと思召入有之候而、俗親王〔閑院宮〕にて被差置なり」[19]（巻二）と、書かれている。つまり、天皇が幼少で亡くなった場合を考えて、皇位継承者を補充しうる家系を創設したというのである。閑院宮家の創設の理由は、後述するような五代将軍綱吉以来の度重なる直系継嗣の断絶に直面した幕府が「尊王」の実を示すことで公儀権威の強化を図ることにあったが、この皇位継承者の提供としての役割は、後に光格天皇の即位という形で現実化することになる。

宗武は、第五代天皇の天之常立大御神には男子がなく、弟であり国神系の「上祖」となった国之常立大神の長子である天鏡尊を養子とし、天之常立の皇女を皇后として天鏡尊が第六代天皇になったのであり、国之常立を継いだのは次男の豊雲野であるという（一九五―一九六頁）。この考えは、神統譜のいくつかの疑問への解答として導き出されている。まず、『日本書紀』の一書に「国常立尊、天鏡尊を生む。天鏡尊、天萬尊を生む。天萬尊、沫蕩尊を生む。沫蕩尊、伊奘諸尊を生む」とあるが、天鏡尊・天萬尊・沫蕩尊の三神の名が『記』にも『紀』本文にも国常立尊以降の神世七代にみえないし、国神系には「天」を冠する神名が他にはない。次に、『記』には天之常立大御神までの五柱の神々を「別天神」と記しているがその意味は何か。また、歴史上の人物である神が、「独神」とはどういうことなのか。これらすべての疑問への答えとして、彼は先の神々の継承関係を提示するのである。つまり、「別天神」という称号は、直系の皇子が天皇位の継承者であったことを示し、それ以降と区別されているのだと考える。また『記』では、別天神と国之常立神・豊雲野神を「独神」としているが、その意味は「衆妃のミ有て后を立給ハぬをまうせる」（一三五頁）ことであり、天之常立大御神の皇女が初めての「后」、つまり皇后位の起源ということになる。それらを総合して、天神系（皇統）男子による継承が不可能になった時には、国神系（皇別）から養子を迎え、皇女がその皇后となることによって、天神系の系譜が維持されたのであり、その系譜が『紀』の一書に残っていたのだと考える。これは、同時に国神系の神世七代に相当する、天之常立から高木神へ至る天神系の空白を埋めることにもなる。先にみたように宗武は、国神系の創設は幼帝の場合を考慮してのことであったと考えたが、それとともに、皇女しかいない場合に皇位継承者を提供するという役割をもあわせてもたせているのである。皇位継承が正当に行なわれるかどうかは、天下の安定には決定的な意味をもつ。それが問題になる幼帝・女帝の場合の解決策という、極めて現実的な政治の世界のモデルを、彼は『記』冒頭の天地の初めを語る神代の段に読み取ったのである。

　こうした皇位継承のあり方は、一方的に天神系だけのために考えられているわけではない。先の『紀』の一書によると、伊奘諾尊は天神系であるが、しかし、『記』では国神系の神世七代の最後に位置している。それは、国神系六代の「淤母陀琉大神に王子まさねば、頬那芸大御神の御弟伊邪那岐大神を給はりて、御女伊邪那美大神にあはせまつりて、国の第七代とはなし給へる」（一九六頁）からであるという。そのために宗武は、『記』の神生みの段から「沫那芸神、次に沫那美神、次に頬那芸神、次に頬那美神」という系譜を取り出して、『紀』の一書に連結して、沫那芸大御神（＝沫蕩尊）には兄の頬那芸大御神と弟の伊邪那岐大神という二人の息子がいたのだとする。そして、天神系であっても長男でなければ、国神系に男子がいなかった場合養子となって、国神の娘と結婚して王位継承者となると考えるのである。同じく養子関係を結ぶにしても、天之常立大御神を継いだ天鏡尊は、国之常立大神の長男であったにもかかわらず天神系の養子になるわけであるから、天神系の継承を第一とする尊卑の序列はここでも歴然としているといえよう。

さらに、宗武の家系の存続への関心は、皇位・王位という限定された人々における問題に留まっていたわけではない。というのは、たとえば『徒然草評論』で「いにしへ勢ひゆゆしかりし人の、その末まことしくつづきたるは少し。つづきたる中にも誠の血脈は絶えて、人の家の子をやしなひてつがせたるも多かるべし[20]」と述べているように、若い頃から日本の歴史における正統の断絶と養子縁組みの多さに注目しているからである。同姓婚と異姓養子の禁をめぐって儒学者の間で激しい論争が展開された近世社会[21]のなかで、「神代」＝「人代」における「万世一系」につながる皇位継承の原理は、支配階級の「家」の永続を願う宗武の熟慮された解答であった。その意味で、国学者宗武は儒者白石と決定的に異なった立場にいたのである。

二

宗武は以上のように、養子・婚姻による両系の関係づけに強い意欲を示しているが、それは単に皇位継承問題への関心からきているのであろうか。『記』中心主義を最も徹底した宣長は、天照大御神を最高神とする立場を明確に打ち出した。その根拠は、天照大御神のみに高天原の統治が「事依」されていることにある。しかし宗武の場合、『記』に則りながらも、天照大御神にそうした支配者像を読み取ろうとはしない。彼は、伊邪那岐命の天照大御神への「事依」の言葉を「高木大御神の皇后に立たまふ事」なのであり、だから「祝詞に、神漏伎神漏美と申奉るもの、神漏伎とハ、高木大御神の御事、神漏美とハ、天照大御神の御事」（一四〇頁）になるのだという。天孫降臨の指令者としての天照大御神と高木神（高御産巣日神）との並存は、現代でも問題になるところであるが、近世の武家領主に通有な儒教的な男尊女卑の立場から、「女帝」を正当化しかねない天照君主説を容認することができなかった宗武は、それを夫婦の関係として捉えることで解決しようとしている。伊邪那岐大神という国神のもとに生まれた天照大御神は、高天原の君主ではなく、高木大御神の皇后になることによって初めて天神となりえたというのである。

さて、天照と須佐之男の天安河での神生みとその交換を、宗武は「人質を取かハすのはじめ也。考るに、此三人の比売命則高木の大御神の御むすめ、五人の男命ハ須佐之男命の蘆原の中国より率たまひし御子也」（一四二頁）という。須佐之男の心を疑っていた天照であったが、「もしきたなき心ならバ、男子を奉りたまふまじきに、詔のまにまにとりかへたまひつれば、御疑ひはれたり」（一四三頁）というように、須佐之男が「男子」を人質として差し出したことが、反逆心の無さを証明していると考えている。「宇気比（ウケヒ）」を人質の交換とする見方は、既に白石の『古史通』（巻二）にもみられるが、宗武の特異性は、三人の姫を高木と天照との娘にし、高木には男子がいないとしている点である。『記』には高御産巣日神の子として思兼神、神産巣日神の子として少名毘古那神が登場するが、それは「むかしハ良臣をも御子といへる」（一九七頁）からであって、「真の皇子ハ皇女のミにて、男皇子ハまさざりしかバ、質にとり給ひし忍穂耳大御神を養ひて皇太子とはなしたまひし」（同前）という。『記』の神統譜においては、天照大御神から忍穂耳神への継承は、天皇家として最重要の系譜であるが、それが天照ではなく須佐之男の子に、変質させられてしまっているのである。

こうした人質論は、「宇気比」による神生みを天照と須佐之男が「交合したまひしと、うたがハん人もありなむ。依て天安河を中に置てと云事をあかして、その疑ひを解るもの」（一四二頁）である。また、彼の特異さは、伊邪那岐の日向の阿波岐原での禊祓にはまったく注目していないにもかかわらず、この「宇気比」については、「大事をハかるに」は「私よりいづれば則心のけがれ也。

此けがれをさらざれバ、事さだむるに誤りあり。故に是をまづさりたまふを、真名井にふりそそぐにたとへり」（同前）と、禊祓的な解釈をしているところにもある。それは、「御ハかり事にて、治乱のわかるる所をしらせたるなるべし」（一四三頁）というように、この場面を政治的支配の危機に結び付くような緊迫した事態だとみなしているからであろう。彼は、神話的な黄泉国の穢れには無頓着でありえたが、しかし政治的「治乱」の分かれ目における穢れへの対処の仕方については、重要視しないではいられなかったのである。

　宗武が、天照大御神にいかに独自な位置づけをしているかは、天の石屋戸隠りの段の解釈によく表れている。このきわめて神話的な段を、彼は記紀ともに「天照大御神を貴とむ余り、天皇のごと書なし、却て御徳をかくせる故也」（一八四頁）といい、次のように読み解いていく。須佐之男命の悪行により死んだ天衣織女（『紀』の稚日女尊に同じ）は、天照大御神の腹ではないが高木大御神の皇女であり、忍穂耳尊の妃となっていた。天照大御神の石屋戸隠りは、普通考えられているように須佐之男を「恐ミ給ふ」たからではなく、自分の弟が天神高木神の皇女稚日女尊を殺した悪業の責任をみずから負い、后を辞して政治から離れ「閉居」したから「世の中くら」くなったのであり、また八百万神の神事は「国家の治り」の要諦である「賞罰の節」（同前）をよく知る天照大御神の再立后のための婚礼の準備であったというのである。后を辞して「天斎殿（ノイハト）」に「閉居」した天照大御神を真の「聖」と呼んでいることからもわかるように、宗武は、儒教的な謙譲の「徳」の体現者として天照を高く評価している。皇位継承の問題を、男系の視点のみで捉えるのではなく、后の存在、つまり婚姻がもたらす意味をも含めて考えようとしているのである。それは、血統のみならず徳をも考慮にいれたものになっている。しかし、それはあくまで高木大御神の政治を補佐する皇后としてであり、決して単独で政治的支配者とはなりえない存在としての評価なのである。

天照大御神を皇后とみなす考え方は、外宮（度会宮）に祀られる「登由宇気神（トヨウケ）」（豊受大神）を高木大御神とする解釈を導いている。まず宗武は、豊受大神は「御饌（食物）をつかさどる神」、つまり食物を供する神と思われているが、それはまったく立場が逆で「饗応し奉るの詞、客神といへるがごとし」（一九三頁）だという。そして、彼は『倭姫命世記』を偽書としながらも後人の知りえないことが記されているとして、「皇太神吾一所耳不坐波、御饌毛安不聞食」を根拠として、妻である天照大御神が夫である高木大御神に食事を用意するために自分（内宮）の近くに祀ることを求めたのだという。だから、「吾祭奉レ仕之時、先可レ奉レ祭二止由気太神宮一」というのだと考える。そこには、夫の世話をし仕える妻の姿が想定されており、天照は婦徳の持ち主として評価されるのである。結局、伊勢の内・外宮は天照と高木の「夫婦の道正しくませる」ことの証なのであるが、「いにしへ天照大御神を貴とむが余り、天皇のごとく書なせるより、此義を知ものなし」（一九二頁）として、天照の皇后、つまり妻としての側面に焦点を当てることに、彼の主眼があったといえる。これは、「日神とは日を主りたまふ神」として「天上の事」を伊邪那岐に「事依」された点をそのまま伝える白石の理解[22]からも大きく逸脱したものである。宣長学における天照の肥大化を視野に入れる時、宗武の天照の極度の矮小化は国学史上における一方の流れの行き着く先を明示しているといえよう。

このような天照大御神の取り扱いをみてくると、天神系と国神系を養子縁組で捉える宗武の発想の原点にあるのは、記紀において「天皇」のごとくみなされている天照大御神を、いかに儒教的な家父長制の論理で捉えていったらよいのかという問題であったことがわかってくる。結局のところ、宗武は皇位の継承の正統性という観点から「女帝」の存在を否定的に考え、それが天照大御神を謙譲の「徳」を備えた理想的な皇后とする強引な解釈を導いたのである。宗武が『古事記詳説』を執筆したと思われる晩年は、実は七歳で即位し宝暦事件にかかわった桃園天皇が急逝し、その幼い子が成長するまでの中継ぎとして桃園の姉の後桜町天皇が位にあった時、つまり日本史上、最後の女帝の時代（一七六二〜一七七〇年）であった。当時は、幕初の明正天皇の先例があったことと、幕府が朝廷への干渉をあまりしない時であったため、揉めることなくすんだものの[23]、女帝が歓迎されないことには変わりがなかった。それはともかく、宗武の死の前年、皇位は計画通り後桃園天皇へとバトンタッチされるが、彼も父と同じく二十二歳で世を去ってしまう。後にはわずか六カ月の女一宮しか残されていなかったので、一七七九年（安永八）十一月に閑院宮家から養子を迎えて践祚が行なわれた。その際、将来の女一宮との婚姻を想定し最も若い宮が選ばれたという[24]。それは、宗武の皇位継承のルールと奇しくも一致している。そして、践祚したのが朝儀再興に尽力した光格天皇であり、後に宗武の息子松平定信と所謂「尊号一件」で対立する人物である。宗武は、そうした朝廷―幕府の関係そのものが、大きく転換し始めようとしていた十八世紀後半に、この『古事記』注釈書を書いたのである。

さて宗武は、天孫降臨の段の注釈で『古事記詳説』のなかでもひときわ異彩を放つ見解を披露している。それは、事代主神についてである。事代主神は、大国主神の第二子であり、建御雷神が天孫降臨のために派遣された際に、大国主神に代わって真っ先に葦原中国を天孫に譲ることに同意した神である。建御雷神がやってきた時、事代主神は「鳥の遊為、魚取り」しており、すぐに国譲りに同意し「其の船を蹈み傾けて、天の逆手を青柴垣に打ち成して、隠りき」と『記』には記されている。宗武はこれを、「貴人」であれば船の乗り下りに跳板を設けるはずだが、「国を奉り給ふ御心」（一九九頁）から「凡人（タダウド）」と同じように船から直接陸へ下り、青柴垣を間に置き離別の印として「天逆手」を打ったのだと解釈する。これらの行為は、「葦原の中つ国を、父神（大国主神）のわたくししたまへるを、常に憂たまひしからに、うとめる妹（イモ）と契りたつごと、速やかに去りて奉れ給へるたとへ」であり、また事代主大神が鳥遊び、魚取りをしていたのも「父神のたけくますからに、葦原の中つ国をなびかし、私したまふをうれひ、且、諫むべからぬをさとりて有にしのびたまハず、三穂崎にあそび給ひしにぞ有ける」（二〇〇頁）のだというのである。事代主神は、須佐之男が支配を任された葦原中国を捨てて伊邪那美のいる出雲の国にいって以来、この葦原中国は「天神の御国」(一五二頁)であるにもかかわらず、父の大国主神が権力にまかせて「私したまふ」のを憂いて、しかも諌むべきでないことを悟って、三穂崎に引き籠もっていたのだと解する。事代主は、それほど天皇家への忠義と親への孝行をわきまえた、賢い神だとされているのである。だからこそ、大国主大神はこうした事代主大神の心を知って、国譲りの際に「僕が子等、百八十神は、即ち八重事代主神、神の御尾前と為りて仕へ奉らば、違ふ神は非じ」といったのだとする。つまり、事代主神はこうして第二子でありながら「父神の御跡継せ給ひし」「嫡子」(二〇一頁)になったのである。宗武は、もしこの事代主大神がいなかったら天孫降臨も「いかでたやすからむ」と思われるし、父の大国主も建御名方などの兄弟も「さがなからむ」ことになっていたであろうから、「まことに君にも御親にも人民かけて云ばかりなく、功ませる神」(同前)なのだと称賛する。したがって、国統の正統は須佐之男から大国主を経て事代主に至り、「俗に此三神をば、何れをも日本国地主神とまうせ」(二〇二頁)るというように、国統の系譜において、事代主大神は大きな意味をもっているのである。

　宗武は、こうした『記』への独自な解釈に基づき、事代主大神の意味づけをさらに肥大化させる作業を行なっている。まず第一に、『記』では大国主の第一子である「阿遅鉏高日子根(アヂスキタカヒコネ)神は、今、迦毛(カモ)大御神と謂ふぞ」と記されているが、これは事代主の誤りであり、阿遅鉏高日子根神は高迦毛神であるという。この間違いが起こったのは、事代主が第二子ながら嫡子になったのに、「鴨大御神ハ、大国主神の嫡子にますと云を、もとの嫡子にますなる高迦毛神に誤り云る」（二〇一頁）ことになったからだという。したがって、延喜式神名帳の加茂御祖社二座についていろいろいわれているが、正しくは「一座ハ事代主大神、一座ハ玉櫛姫大神」だという。第二に、「二十二社注式」や「豊葦原卜定記」にみえる葦原中国の平定に帰与した建角身命も「事代主大神の国神の、天に帰順ハぬをば伐給ひし時の功より、建角身命とも称せしかばかくつたへたりとぞおぼゆる」（二〇二頁）という。第三に、『記』神武天皇の段に、三輪の大物主神が「丹塗矢（ニヌリヤ）」となって三島溝咋の娘と交わり生まれたのが神武天皇の大妃となる伊須気余理比売（蹈鞴五十鈴姫命）だという話があるが、「神代の間の事ハ、此書まされる事多けれど、神武以下ハ、紀のかた正しき多し」（二〇四頁）とし、『紀』に基づいて大物主神は事代主大神のことを誤って伝えたものである（二〇三頁）、という。さらに第四に、『紀』の安寧紀には、綏靖天皇の皇后五十鈴依媛命は事代主神の娘だと記され、懿徳紀には綏靖天皇の皇后は事代主神の孫で鴨王の娘だと記されているのを踏まえて、事代主大神は「薨（カンサリ）まさざりし間御子まさず。故に神となりまして、二柱の女御子（蹈鞴五十鈴姫命と五十鈴依媛命）生（アレ）まし、神武、綏靖の后に立まし、代々の天皇、此御末ならぬなけれバ、内外の宮に次で、外祖の皇太神とて仰がれまし、御孫王ハ、是また懿徳天皇の御外祖にて、将、加茂の氏人栄えて今に絶え」ないのであり、「忠孝またく、且、功たぐひな」い神だ（二〇五頁）、ということになる。結局、事代主大神は、天神系の高木大御神と天照大御神に次ぐ尊い神として浮上しているのである。『記』

において、同じ国神系の須佐之男や大国主に比べても、決して重要とは思えない事代主をこのように特筆することで、宗武は何をいおうとしているのであろうか。

冒頭に述べたように宗武は将軍の子に生まれながら、次男であったために将軍になれなかった人物である。その代わり彼は、父吉宗の意志のもと、前述したように田安家を創立した。御三卿は、家康の三子を藩祖とする尾張藩、紀伊藩、水戸藩の御三家に倣い、家康を模範とする吉宗が新設したものである。しかし、御三家が、関ヶ原勝利まもない時点で、兄弟の協力で徳川将軍家の安泰を図ろうとするものであったのに対し、御三卿は、江戸中期に至り御三家の血統も疎遠となり、将軍継嗣の資格者にも不備を生じたので、その欠陥を補うとともに、御三家を制御する意図から創立されたのだと推察されている[25]。徳川家は、初代家康から四代家綱までは父子関係で相続できたが、五代綱吉も六代家宣も父子相続ではなく、すでに他家を相続している傍系の親藩からの相続者である。そして、八代吉宗自身も御三家の紀伊藩主から将軍家を相続した人間である。徳川幕府が生まれて一世紀も経たないうちに、直系相続はすでに三回も壊れていたのである。世嗣家重が不肖で将来に強い不安を抱いていた吉宗が、御三家に加えて田安・一橋の二卿を創設し、宗武と宗尹を養子に出さなかったことは、そうした危機意識の表れであるといわれている[26]。

宗武の置かれた以上のような将軍家をめぐる状況を考えると、『古事記詳説』の見解には、単なる古代の皇統解釈の問題を超えて、彼自身の政治的メッセージが提出されているように思えてくる。

宗武は、廃疾者といわれた異母の兄（後の九代将軍家重）と違って幼い頃よりその聡明さが期待され、父吉宗の寵愛を受けて育った人物である。そこで、将軍権力の維持・強化のために家重ではなく宗武を将軍にしようとする動きが幕閣の内部に起こっても不思議ではない。事実、吉宗の信任を得て享保改革を推進した老中松平乗邑（まつだいらのりさと）は、宗武を将軍に推す運動を秘かに展開したようである。しかし、吉宗は、将軍家が「嫡庶の順」を無視するような相続を行なったら諸大名もそれに倣い、「天下大乱の基」であると「長大息」したと伝えられている。[27]そして吉宗は一七四五年（延享二）九月に隠居し、将軍職を家重に譲り西丸に入った。その間、松平乗邑は突然罷免されたばかりではなく、一万石減封のうえ隠居・謹慎という厳しい処分を受けている。松平乗邑処罰の理由は定かでないが、近年の研究では、廃疾に近い家重の将軍職就任に反対し失脚したのではないかといわれている。[28]

宗武自身が将軍職についてどう考え、松平乗邑の罷免事件にどうかかわっていたのかはわからないが、[29]治者としての充分の教育を受けた宗武にとって、家重の将軍職就任は、以後も、治めるべき国と民をもたない田安家の当主であり続けることを意味し、それは自己の政治的な見識と能力を発揮する可能性をほとんど閉ざされたようなものである。元来、向学心の旺盛な宗武がこの事件を契機にして学問の世界に没頭していくのは、ある意味で当然の成り行きであろう。そのなかで彼は、皇位継承の正当なあり方を『古事記』などの神道書の研究を通じて知り、自らのあり様を納得していったのではなかろうか。殊に、天照の謙譲の徳を称え、葦原中国（日本）を「天神〔天皇〕の御国」とみなし、「たけくます」父の大国主神（将軍）が「私」することを憂い隠棲した事代主神に対して強い共感を抱いた姿は、何よりもそのことを明示しているように思われる。息子である松平定信は、幕閣で初めて「大政委任」論を説いた人物としても有名であるが、宗武の天神・国神の両統に対する明確な尊卑の区別と事代主神の独自な評価のなかに、その萌芽を見出すことが可能ではなかろうか。以降、幕末に向かって「委任」論は、観念のレベルを超えて現実的な政治行動の規範となっていくが、その端緒の一つを宗武の『古事記』注釈にみることができるように思われる。

おわりに

近世の「神代」研究において、以上みてきた宗武の『古事記詳説』はどのように位置づけることができるのであろうか。宗武の研究は、「神代」を人間の政治の世界における歴史的「事実」とみる点において、明らかに新井白石の『古史通』の流れを汲むものであった。しかし、白石が天上界の「神代」を地上の古代人の歴史へと還元する神話史実説をとり、具体的な史実とのかかわりを重視したのに対して、宗武は「神代」をそのまま人代であるかのように捉えているため、史実との関連にはあまり意をもちいてはいない。白石にとっての古代研究の課題は、「旧事紀古事記日本紀のごときもまた事を記せし所のものにして道を論ずる所のものにはあらず[30]」（『或問』下）というように、中世・近世初期の仏家・儒家神道の「道」を神代に読み込むことを拒否し、正しい「古史」を再構成することにあったため、彼は「神代」を史実として読み切ることが必要であったのである。それとともに、「史は実に拠て事を記して世の鑑戒を示すもの」[31]（『古史通』読法凡例）というように、彼にとって歴史は単なる事実ではなく「鑑戒」になりうるものであった。とはいっても、彼は「古」という時代に歴史的に特別の意味を見出してはいなかった。それは中世を経て近世へと続く歴史の一齣でしかなかったのである。それに対し宗武にとって、「古」＝「神代」は単なる歴史の一齣ではなく歴史を超えて規範的意味をもちうる「聖」なる時代であった。彼は、白石の研究を前提としながらも、「神代」に政治的な規範となる「道」をみていくのである。しかしそれは、儒家神道のように陰陽五行などの概念を「神代」に持ち込んで解釈するのではなく、結果的にはいかに自己の関心に偏した恣意的な解釈であったとしても、あくまでも『古事記』の記述に即した注釈を通して政治的意味を導出しようとしたところに大きな特色がある。その意味で、彼の方法は真淵を経て宣長へとつながっていくといえるであろう。

確かに、宗武の『古事記詳説』は、真淵の『古事記』研究を参照して自説を展開したものといわれている通り[32]、真淵の注釈と共通したところも多い。しかし、それはあくまでも訓読・語釈のレベルであって、注釈の根底にある世界観はまったく相違しているように思われる。つまり、汎神論的世界観に立つ真淵は、記紀神話の天地創出の世界を一応そのまま肯定する姿勢を貫いているのに対して、朱子学的世界観に立つ宗武は、記紀神話のコスモロジーをまったく認めていないからである。さらに、宣長においては「高天原」を天上界と断定する神学が形成されるのであり、宗武と宣長とでは、同じく「文献学」的方法といっても、「神代」へ向かうベクトルがまるで逆なのである。「神話にいかに接するか」という視点から近世における記紀の「神代」研究をみれば、その分水嶺は「高天原」を天上界とみなすか人間界とみなすかが決定的に重要である。そこには、近世の知識人の人間観と世界観が神話的想像力の形をとって露呈しているからである。この観点からすれば、反対に、神代に「道」を導入した垂加神道に宣長学とのかかわりをみることができる[33]。宗武にしても白石にしても、神話に政治史を読めば充分であったが、闇斎や宣長はもっと広範な世界観の基礎となるコスモロジーまでをも読む必要があったのである。近世の「神代」研究は、様々な人間観や世界観が錯綜し複雑な様相を呈しており、決して一直線の流れとしてみることはできないといえよう。

註

（1）小野田光雄「解題」（『古事記註釈』神道大系古典註釈編1、神道大系編纂会、一九九〇年）二一頁より。
（2）同前、二二頁。
（3）土岐善麿『田安宗武』第三冊（日本評論社、一九四五年）七二頁。
（4）次田真幸『日本神話の構成と成立』（明治書院、一九八五年）一七七頁。
（5）『新井白石全集』第三巻（吉川弘文館、一九〇五年）二一五―二一六頁。

(6) 同前、二一六頁。傍点は引用者(以下同)。
(7) 宮崎道生『増訂版 新井白石の研究』(吉川弘文館、一九五八年)四三八—四四二頁参照。
(8) 以下、註(1)『古事記註釈』神道大系所載の『古事記詳説並別記』からの引用は頁数のみを記す。
(9) 前掲『新井白石全集』第三巻、二二五頁。
(10) 同前、二一四頁。
(11) 同前、二二五頁。
(12) 同前、二八七頁。
(13) 前掲宮崎『増訂版 新井白石の研究』四〇六—四〇九頁参照。
(14) 前掲『新井白石全集』第三巻、三三四頁。
(15) 同前、三三〇頁。
(16) 同前、三三四頁。
(17) 尾藤正英「新井白石の歴史思想」(『新井白石』日本思想大系35、岩波書店、一九七五年)五五八頁。
(18) 栗田元次『新井白石の文治政治』(石崎書店、一九五二年)五八六—五九〇頁参照。
(19) 『増訂 故実叢書』第一三巻(吉川弘文館、一九二九年)二七二頁。
(20) 土岐善麿『田安宗武』第二冊、三六九頁。土岐は『徒然草評論』の成立を一七四三年(寛保三)頃と推定している。
(21) 渡辺浩『近世日本社会と宋学』(東京大学出版会、一九八五年)一二三—一三四頁。
(22) 前掲『新井白石全集』第三巻、二三四頁。
(23) 三上参次『尊皇論発達史』(冨山房、一九四一年)五二頁。
(24) 久保貴子「江戸時代における皇位継承」(『早稲田大学教育学部学術研究』四〇号、一九九一年)四一頁参照。

(25)　北原章男「三卿」項（『国史大辞典』吉川弘文館、一九八五年）五一四頁参照。
(26)　北原章男「御三卿の成立事情」（『日本歴史』一八七号、吉川弘文館、一九六三年）九〇頁参照。
(27)　土岐善麿『田安宗武』第一冊、三四―三五頁参照。
(28)　辻達也「政治の対応」（『日本の近世10　近代への胎動』中央公論社、一九九三年）一三三―一三四頁参照。
(29)　土岐は前掲『田安宗武』第一冊で、乗邑罷免に関連して、後に宗武も「屛居」を命じられたという説を記している（三六―三七頁参照）。
(30)　前掲『新井白石全集』第三巻、三九五頁。
(31)　同前、二一二頁。
(32)　荻原浅男「古事記研究解題」（『古事記大成　研究史篇』平凡社、一九五六年）三〇〇頁。
(33)　村岡典嗣『日本思想史研究』（岩波書店、一九四〇年）二五二―二五五頁参照。

第2章 上田秋成の『神代かたり』

上田秋成（一七三四―一八〇九）と本居宣長（一七三〇―一八〇一）との対比は、近世中期における国学思想の多様性を知るうえで、格好の素材を提供してくれる。両者はともに賀茂真淵の流れを汲む国学者でありながら、二つの個性は日の神・音韻論争として有名な近世における代表的な論争を展開している。その論争は宣長の『呵刈葭（かかいか）』にまとめられているが、そうした直接的な論争のみならず、二人の国学者の思想的立場には抜きさしならぬ対立があるように思われる。本章の目的は、秋成が晩年に執筆した『神代かたり』を検討し、宣長系の神代観とは異なるもう一つの神代観を提示することにある。というのは、秋成は、宣長の『古事記伝』という前人未踏の業績を前にして、『安々言（やすみごと）』という記紀の成立史的観点からの批判の書を著しているが、『神代かたり』には、そこからは窺い知れない彼の神話像がみられるからである。

一

『神代かたり』は、秋成が『日本書紀』神代巻本文をやさしく書き改め、所々に注釈を施した小文である。もちろん宣長の『古事記伝』とは質量ともに雲泥の差があり、むしろ『古事記』を仮名書きで読み下した『神代正語（かみよのまさごと）』と比べるべきものであろう。『神代かたり』は、草稿でもあり欠損もあるためか、あるいは軽い注釈的読み物とみなされたためか、これまでまったくといってよいほど本格的な研究がなされていない。そこでまず、秋成が依拠した『日本書紀』本文と比較しながら、彼がどのように書き改め新しい神代像を創っていったかを検討してみたいと思う。

　最初の「古に天地未だ剖れず」に始まる神世七代の箇所で注目すべきなのは、「易に陰陽不測を神と云。或はあらはれ、或はかくれ、見とゝむへからぬを神とは申也」(1)（一四三頁）という「神」についての秋成の独自な注釈であろう。秋成は『易経』の「神」の定義を引用しているが、しかし彼の言わんとするところは後半の顕幽さだまらない神のあり方である。つまり『易経』の「陰陽不測之謂神」というのは、神という実体を指す言葉ではなく、「陰陽」概念で測ることのできない不可測な神秘性を表現しているのに対し、秋成は「太古有二現神霊神之別一」(2)（『日本春秋』書入）というように、実体としての神を問題にしているのである。宣長は中国の神観念との相違を強く意識するなかで、体言つまり「物」としての神に到達し、さらに「何れの神にても、現御身(ウツシミ)と御霊(ミタマ)との差別をしらずはあるべからず」[3]（『出雲国造神寿後釈』）としている。両者は神を実体的なものと捉える点では共通しているが、しかし内実は大きく異なっている。宣長の場合は、神には必ず「現御身」＝身体があり、「御霊」が身体を離れて神社に分与されたり、浮遊したりすることがあるという神の実在論を体系的に構築するものであるが[4]、秋成の場合は「現神と霊神」という二種類の神が実在し、それらが人間の理性を超えたいわば神出鬼没な現れ方をするのである。

周知のように『日本書紀』（以下、『紀』）は陰陽説で天地開闢を説明しており、国常立尊(くにとこたちのみこと)と国狭槌尊(くにさつちのみこと)と豊斟渟尊(とよくむぬのみこと)の三神を「乾道独化(あめのみちひとりなす)」の「純男(をとこのかぎり)」とし、次の泥土煮尊(うひぢにのみこと)・沙土煮尊(すひぢにのみこと)から伊奘諾尊・伊奘冉尊までの四対の神は「乾坤之道、相参而化(あひまじりてなる)」男女神とし、合わせて「神世七代」としている。秋成はそうした神々のうち、国狭槌尊を国常立尊の別名とし、また面足尊(おもだる)・惶根尊(かしこね)の一対の神を面足尊は「国のかたち、人の面の眼口鼻そろへるにたとふか。かしこねとは、島の根のかたくこりなる也」（一四四頁）というように、国土生成の完了の喩えと捉え、独立した神格としては扱っていない。神世七代の最後に「国なりてぬしなくはあらす。いさなき、いさなみのめを(女男)のふた神なりませり」（同前）と、国主となるべき人格神の始まりをいさなきといさなみの男女神におくのである。このように、秋成は『紀』の本文をかなり恣意的に解釈したうえで、「八神七世なと申事は心得ね」という疑問を呈している。要するに、秋成は冒頭の注釈で『易経』の「陰陽不測之謂神」をもちだしてはいるものの、それは「陰陽」ならぬ「顕幽」の「不測」という観念を導出するためのものであって、肝心の儒教の陰陽五行説そのものは全然みとめようとしていないのである。ここに、秋成の「神」観念の一つの重要な特色がみられるのである。

秋成は『紀』本文に倣って国常立尊を初めに置いたのであるが、『紀』の述べる「至りて貴きをば尊と曰ふ。自餘をば命と曰ふ」とする「尊」と「命」の区別の説明を無視して、「みことゝは、君のおほす事を言に打出たまふに、皆是にしたかふと云意也」（一四三頁）という語釈を加える。野口武彦は、この言葉から秋成にとって神とは「言葉を所有した存在者」であり、「神の始源」＝「言葉の始源」でなければならなかったといっているが、[5] 君という表現から考えると、これが含意するのは、「上古、国政は叡慮のまゝにて、臣のはかるへきに非す。神代より此ふた神（天児屋根命・布刀珠命）の宰臣たるは、なめて君の宣命をつたへて民に示さるゝのみ」（異文、一七八頁）という古代政治における君臣関係のあり方であろう。彼は、君の「叡慮」のままを宣命として臣が民に伝え、それに従って国政が行なわれるのが古代天皇制の理想政治であったという。それが儒教の導入により「臣の政事をあつかり申事と成」（同前）ってしまったとみているのである。

ところで、秋成は、いさなき・いさなみ両神の出自を「人のかたちならは、必さきになりし国より来たるならん、呉の太伯、秦の徐福かと。たしかなるしるしやある」（一四四―一四五頁）と、国学者らしからぬ発言をする。人間の形をした神ならば、歴史の先進地帯である中国からやってきたに違いないと考えているわけである。神代の神も歴史的発展のなかに位置づけて解釈しようとする秋成の一種の合理的思考をみてとることができる。天浮橋を「舟」といい、天之瓊矛を「水棹」と言い替え、神代巻で頻発する「天」という接頭語をことごとく省いているのもその表れであろう。したがって、こうした観点から『神代かたり』においては二神が産むのはあくまで「み子」であって、「大八洲国」や「海・山・川」などではない。たとえば、淡路島も「み子うまんとおほしゝか、胞とてきたなき物の出たれは、いみてすてたまふ。是流たゝよひて、淡路のしまなれり」（一四五頁）というように巧妙に「生む」を避けて「成る」の文脈で解し、[6]「吾已に大八洲国及び山川草木を生めり」という『紀』本文を改め、わざわざ「国かたとゝのへり」としているのである。そして、いさなき・いさなみの男女神は、国土が整ったからまたしても「ぬし」が必要だとして「日の神」を産むが、その命名の由来を秋成は次のように二つに分けていう。「みかたちきら〳〵しく、国の中かくれたる所なくてらしたまへり。故に天てらす日にたとへて、日の神とは申せりき。……このひちりこの上にすめ（ま）せはけかれやあらんとて、天の神に日たしたまへとこひて、み空に上したまへは、日の神とは申せりき」（一四六頁）。まず、日の神が「光華明彩」で「六合のうちに照り徹る」という『紀』の本文を、「天てらす日にたとへて」と太陽への寓言による命名だとしている。「六合」を四海万国としないで「国の中」としているのも、宣長との「日の神」論争を思い起こさせる。第二に、両神が天の神に養育を依頼し、天上に昇ったがゆえに「日の神」だというのは、まったく秋成独自の解釈である。「授くるに天上の事を以てすべし」という天上の支配者に位置づけている『紀』に比べて、秋成の日の神像はいかにも貴種の子としての頼りなさを性格づけられているようである。そのことは、弟すさの男（以下、スサノヲ）との対抗のなかでより明瞭になってくるが、その前に、『紀』の「天柱を以て、天上に挙ぐ」への秋成の奇妙な注釈について触れておきたい。

宣長は、真淵の説を継承して「此天柱は、伊邪那岐大神の御息にて、風なり[7]」と解しているが、秋成はこの考えをとらず、「天のみはしらよりつたひてのほらせしやうに云よ。猿けもの丶ことくに」（二四六頁）と、天柱を実体的なものと捉え、日の神があたかも「猿けもの丶ことくに」柱をよじ登っていく姿を思い浮かべるのである。この喩えを藤井乙彦は日の神を絶対視する「本居一派に対する冷語[8]」といっているが、しかし、ここにはそれ以上に秋成の神に関する根本的な発想があるように思われる。なぜなら、神代の神をも人間的レベルで捉えようとする秋成には、宣長のように日の神が伊邪那岐の息吹によって舞い上がるような神話的イメージはもちにくく、だとすると日の神は猿のように天柱をよじ登るしかないのである。秋成の神話の神のイメージは、あまりにも合理的で卑少なものといえる。

さて、スサノヲと日の神との抗争の物語は、記紀を神話的に読むにしても皇統起源譚として読むにしても最も重要な箇所の一つである。秋成はスサノヲの性格描写に「さかなもの」という表現を何度も使っている。『紀』の本文では、「無道、雄健、暴悪」などと述べられているところである。

秋成は、弟スサノヲと姉日の神の対抗を、強き神と弱き神との対立の末、後者が前者を屈服させる物語として描いている。天の神々の策略により天の石窟戸から出てきた日の神を、秋成は「女しきみ心に、神たちのまをすまゝに。されとおとゝの又来たらん、いみしとのたまへは、よくはからひ申さんとて、すさの男をとりまき……したつの国におひくたしぬとなん」（一五一頁）と語っている。日の神は誓約で負けてスサノヲの横暴を抑えられなかっただけでなく、石窟戸から出て来ても「女しきみ心」のため、みずからの決断ですさの男を追放できず、「神たちのまをすまゝに」従っているのである。つまり、日の神は天の神に養育されかつその庇護のもとにおいてのみ日の神足り得ているのである。賀茂真淵が天照大御神のスサノヲ神に立ち向かう姿を「姫大御神といへども、こと有ときは、雄たけびをなして、厳なる御いづをもてをさめまし」と、通常の「にぎびたる御ごゝろ」との使い分けを「神の道の本」（『文意考』）[9]と述べていることと比較すると、秋成の日の神像はなんと弱々しいものであろうか。それは、『春雨物語』の「血かたびら」に登場する歴史の流れに翻弄される「善柔の性」の平城天皇に通じるものである。秋成は、日の神とスサノヲとの葛藤を王権神話の物語としてではなく、人間世界での権力闘争と同じ次元でみているのである。

二

さて、話は神代巻の下巻に移り、舞台の中心は大名持（おおなもち）（＝大国主）の活躍する葦原中国になる。天孫降臨以前の葦原中国は『神代かたり』においてどのように描かれているのであろうか。先述のように「この上にすめ（ま）せはけかれやあらん」として、日の神を天上に昇らせたことでもわかるように、ここは穢れた国とされている。『紀』の本文を踏まえて「螢火のかゝやくか如、五月の蝿のむらかれるか如に、草木たに神と名のりて物いふ所」（一五三頁）とされているが、しかし続けて「よくかきはらはゝ、天つちの中にかしこにまさる国はあらしもの」と、秋成は葦原中国を未開ではあるが他国に優越した国と位置づける。『紀』の「草木咸に能く言語」という語句に「草木たに神と名のりて」を補足しているが、秋成の独特な解釈はその次の「太古、草木の霊ありて、かたちを見はし、又かくるゝを、木霊と書て、こたまと呼。山野ひらけては、すむ所を失ひ、かたちを消し、人に仇せすなりぬ」（一五八―一五九頁）というところにある。葦原中国の未開の山野を開いたのは大名持とされる。天孫に国譲りする時、自分の広矛を授けて「国ひらきし初、山野を分行神宝也、又従はぬ者は矛もて殺しもすへし、是器械もて国めくりしたまへ」（一五八頁）といったからである。大名持は山野を切り開いて「中土の国形とゝのへるは、此神の功也」（同前）というように、国土平定というより国土開発の功労者の面が強い。そして、大名持によって草木は切り採られ、そのため草木の霊は住み処をなくして姿を消し、人間にうらみを抱き仇をなすことになったというのである。秋成はこれに関連して、『膽大小心録』のなかで次のようにいう。

> 神は神にして、人の修し得て神となるにあらず。易云。「陰陽不レ測（ハズ）謂（ラフ）二之（ヲ）神（ト）一」。はかるべからずの事明らか也。さればこそ人の善悪邪正の論談なき歟。我によくつかふる者にはよく愛す。我におろそげなれば罰す。狐狸に同じきに似たり。(10)

草木の霊が住み処を失って人に仇をなすように、獣たちも人間の開発により住み家を失い、「善悪邪正なきが性」である「妖怪」(11)となり、人間の態度いかんで恩恵を与えたり祟ったりするというのである。秋成のいう神の原イメージは、「神は神にして、人の修し得て神となるにあらず」というように、仏・聖人などの人格神とは異なり、「狐狸」と同類の善悪の判断力を欠いた存在なのである。したがって、記紀神話で活躍する人格的な神々は秋成がイメージする本来の神ではなく、古代人の理念化された姿なのである。こうして神代の人格神である人間が自然を開発して国家を形成していくことが、とりもなおさず動植物の住み処をなくし、様々な妖怪を生じさせることになっていくと考えるわけである。秋成は、国土の開発の必然性を認めつつも、それが自然の禁忌を犯すことになるのに目を据える。そのことは、たとえば高千穂峰に関連して「斎戒淋浴、潔斎清心にして登るへし。群狙出て道引すとそ。もし不浄の身して攀登すれは、御罰からむりて死すと云」（二五九頁）と、「不浄の身」で登山することへの怖れを説いていることにもよく表れている。これは『春雨物語』「樊噲（はんかい）」の主人公大蔵が伯耆の大山に夜登って神の怒りに触れた話を彷彿させる。このように秋成の注釈の特色の一つは、民俗信仰との関連を重視するところにあるが、そこに自然と人間との関係に対する彼の根本的な見方をみることができよう。

大名持は天孫に国を譲ったのち「八十隈」に去るわけであるが、その八十隈を注して「此国は西北より開けしかは、八十隈とはいまた開けぬ隈々の国也。大和の三輪山は大名持を祭るといへは、こゝに来たりて住せたまふ」（二五八頁）という。八十隈は、宣長のように地下にある黄泉の国ではなく、地の果ての未開の国と解している。先に中国を先進地帯、日本を後進地帯とみなし、いさなき・いさなみを「呉の太伯」や「秦の徐福」に比定したように、先進の九州と比べて大和を後進の地とみて、先進の地から来た大名持が大和に祭祀されていると考える。このことは、葦原中国がもとは「九州之地」であったものが後に「海内」[12]（『日本春秋』書入）に及んだとする解釈と関係していよう。秋成には、こうした先進―後進という歴史的発展のイメージを本来次元の異なる「神代」に読み込んでいこうとする一貫した姿勢がある。

さて、天孫降臨について秋成は、『神代かたり』の異文のなかで独自な解釈を展開している。記紀では、邇邇芸命は天上から日向の高千穂峰に降臨したことになっているが、秋成はそのような神話を事実とはみなさず、これは結局「外国より舟にてこゝに来た」のであろうが確たる証拠がないので、その「本土」＝「外国」を指して「天上」と心得るべきであると説いている。[13] 要するに、天孫降臨の天上とは外国の喩えにすぎないのである。したがって、天皇制の永続を保証する有名な天照大御神の「神勅」などということもまったく信用していないのではないかと思われる。彼にとって、天皇制がまがりなりにも今日まで継続できたのは、「藤原の鎌公、……中大兄の皇子の御心をとる。是ぞ英雄の君にてましませは、薄氷をふむ〳〵謀りあはせ、遂に大功を立給ひ、皇代綿々、百廿代の今にいたるまて栄えます事、二君の御徳の高きを仰くへし[14]」（『遠駝延五登』）というように、天智天皇と藤原鎌足の働きによるので、神代からの出来事はなんら関連をもっていない。こうした秋成の「大化の改新」への評価の高さは、宣長と好対照をなしている。宣長にとって、天智天皇の律令体制の導入は「朝廷の大御稜威の衰へ坐べき、基本をはじめ給へる物[15]」（『続紀歴朝詔詞解』）であり、彼が非難する「漢心」の代表者の一人なのである。[16] 秋成にしてみれば、歴史を動かしているのはあくまでも「自然の運転[17]」（『呵刈葭』）であり、宣長のいう「神の御所為」などを認めることができない。『古事記』に述べる禍津日神（まがつひのかみ）と直毘神（なおびのかみ）の生成に世の中の禍福・善悪の説明原理を求めた宣長の考えを、秋成は「臆説ナルコト明白ナリ」と厳しく批判し「黄泉ノ汚穢」に化成した禍津日神の「凶醜」を憎み「矯直（タメ）サマク思シ、神慮以テ。直日神ハ生マセシト云説話（モノカタリ）ナラスヤ[18]」（『安々言』）

と、『古事記』を寓言の説話として読んだのも、歴史に原理性を持ち込むことへの拒否に根差していたのである。

神代巻の最後は、いわゆる海幸彦・山幸彦の物語であるが、秋成はかなりの思い入れを込めて書き綴っている。秋成は、この兄弟の抗争の物語を、先の姉日の神と弟スサノヲの物語と重ね合わせて考えているようである。二人の抗争は前者は弟の、後者は姉の勝利に終わるわけであるが、幼長・男女の違いがあるとはいえ、勝者と敗者の性格づけがかなり類似しているからである。たとえば、敗者となる「兄み子」を、スサノヲと同じく「さかなき神」としているだけでなく、わたつみの宮での三年の歳月を過ごした「弟み子」を秋成は「せのみ子のいかにせめ聞えんとおほしかへして、今はかへらなん」(一六六頁)と、兄への気遣いを示す弟として描いている。ここに、「さかなき」兄に対比される、弟の柔弱な性格が刻印づけられている。そしてさらに注目すべきことは、弟山幸彦については「天孫」であることが繰り返し説かれていることである。天孫である点においては、兄の海幸彦も同様なのであるが、資質において山幸彦にしかその資格がないようである。山幸彦を天孫と呼ぶのは苦境を救う塩土老翁や海神である。これらの神々は天上で日の神を支えた天つ神と同様の役割を果たしている。山幸彦はあらかじめそうした周囲の神々の助力を必要とするような弱々しい性格が付与されているのである。つまり、「天孫」とは初めからそうした性格を必要条件としているかのようである。秋成の描く天皇の基本的あり方は、こうした山幸彦像のなかにもみてとることができる。

この物語のもう一つの筋立ては、海神の娘豊玉姫と山幸彦との結婚である。結婚は、もちろんいさなき・いさなみの関係に始まるわけであるが、そこでは記紀ともに「遘合（みとのまぐはひ）」つまり性交の露骨な描写を伴っていた。しかし、秋成はそうした描写をいっさい省き、「かくて御中よくよりふしたまへり」（二四五頁）とさりげなく結んでいるだけである。また、豊玉姫と山幸彦との結婚も暗に仄めかすだけで「いと〳〵うれしひて、さま〳〵御心にかなふ事してなくさめ奉る」（二六五頁）と、『紀』にない豊玉姫の心情・行動を書き添えている。身ごもった豊玉姫の出産の場面で、山幸彦はいわゆる「見るなのタブー」を犯してしまい、二人に別離が訪れるが、その際の豊玉姫を秋成は「契たかはせ給ふは天みまともおほしたらす、うらみつへきものにのゝしりていはく、海陸、道こと也、今よりはかよひこし、むかへも奉らし」（二六七頁）と述べる。『紀』本文の「辱みつ。将に何を以てか親昵しき情を結ばむ」と比べる時、豊玉姫の言葉はより悲しげで控え目である。先のスサノヲの誓約での勝利と子の交換を評して、秋成は「をとこはをとこさひ、をみなはをみなしきかよ、きとは、こゝにはしまる」（二四九頁）という『紀』の本文とは直接関連のないコメントを付け加えている。これら一連の記述に、秋成の独特の女性像をみることができるが、しかしこれは古代に限定されたものではなく、たとえば『雨月物語』「浅茅が宿」の宮木などに通じる普遍的な女性像なのである。

『紀』の本文は、神代巻を鵜草葺不合尊（うがやふきあへずのみこと）が姨（をば）玉依姫を后として神武天皇などの四子を産み、西洲宮に崩御したことで結んでいるが、秋成はこの記述をそっくり削除して代わりに「彦のみ子渚武鵜かやふきあへすの尊、是ぞ人の代の始と奉りて、此御代よりは次々のかたりつたへ、たかはぬ物にしるせる、是を国史と申也」（一七〇頁）と締めくくる。彼は、葺不合尊の代以降は、確かな伝承に基づく歴史的出来事であるというのである。このように『神代かたり』では『紀』の本文を変えてまで、人代の初めを神武天皇ではなく、葺不合尊にするのであるが、それは何故であろうか。まず考えられるのは、葺不合尊の父である山幸彦の話までが人間の理性を超えた不可思議な神話的な物語であることであろう。このことは、山幸彦の神威に屈した海幸彦にわざわざ「み子はまことに神とも神にてましませり、今より後はおとみことは申さて、君とあをき奉り」（一六七頁）と言わせていることにも表れていよう。そして、今一つの理由は、海幸彦・山幸彦の物語としての完結性であろう。神代の神が山幸彦で終わるとしたら『紀』の本文の最後は蛇足にすぎず、葺不合尊の死ではなく山幸彦の死でもって終わるのが自然である。それこそが、神代巻ならぬ「神代かたり」の結末に相応しい終わり方といえよう。

三

周知のように、宣長にとって『古事記』は神代・上代の古伝説をそのまま伝えた絶対的な「神典」であった。しかし、秋成によれば、「古事記モ熟読スレハ、全キ古書ニハ不レ有シテ、残簡ノ有シヲ、後人一度ニアラスシテ、追加ニ補闕為シ者ト思ユルカ」[19]（『安々言』）と後代の数次に渡る改撰を経た書物にすぎなかった。その改撰の証拠として、たとえば有名な八雲神詠や下照姫の歌や山幸彦が豊玉姫とかわした歌は「神代よりあるへきに非す」（異文、一八七頁）と、神代歌謡の後代性が説かれるのである。そればかりか、そもそも『古事記』は秋成にとっては、「まこと譌りを問あきらめす、天武の秋の夜かたりに御口すさみは有しなるへし」[20]（『遠駝延五登』）という天武天皇の昔語りでしかなかった。それに対し『日本書紀』は、「会議論定」の結果「本文ヲ以テ正説」とされ、以降「朝廷世々ノ講筵」[21]（『安々言』）に預かることになる「国史」であった。しかし、正史である『日本書紀』といえども「神代」については、一篇の物語とみていたのである。秋成は『ぬば玉の巻』において、日本が他国よりはるかに早く開化したのは天孫降臨から神武天皇の即位までの長い年月を数えているからであって、その拠所となっているのは、「人の心なりしかば、強ひていつはりともまことゝも論じ定むべき事」ではなく、ただ「一つの伝へ」[22]として理解しておけばよいと言っている。つまり、神代の古伝説はたとえ書物に記されていても、それは歴史的事実というより古代人の信仰の表れであって、真偽は確定できないとするのである。したがって、宣長のように『古事記』を神代の「正しき伝へ」として絶対化し『古事記伝』を著したのは、「いにしへを伝へたるにはあらて、我私言を後につたふる題目にこそあらめ」[23]（『遠駝延五登』）と厳しく非難されるのであった。宣長の『古事記伝』を「私言」と断定する秋成が、自らの『神代かたり』を「私言」と感じなかったはずはない。では、二つの「私」はどのように違うのであろうか。

秋成は自分に投げかけられた「とかくに学問に私めさるよ」という批判に対して「わたくしとは才能の別名也」[24]（『膽大小心録』）と開き直っているように、「私」を必ずしも否定的意味に解しているのではない。むしろ、「私」を時には尊重さえしているのである。しかし、彼が宣長の「私」を許すことができなかったのは、「己に従はぬは悪みさけて、稚きに我解く外に道なし」（『神代かたり』異文、一七九頁）とする宣長の『古事記』の神聖視と自己の注釈への排他的ともいえる絶対的確信であった。宣長は「神代を以て人事を知れり」[25]（『古事記伝』）と「神代」を人間世界のあり方の絶対的規範とすることによって新たな世界像を提示した。だが、秋成にとって「神代」は、幕藩制社会に生きる現実の人間を規制する規範ではなく、市井の個人が選択する一つの「私」的世界でしかなかった。したがって、秋成の「私」は、自己の学問の相対性を認識し、「道」＝規範へ上昇することを禁欲するところから生じてくるものである。このように同じく国学者として、神代の古伝説の霊奇さを受け入れた二人であったが、しかし「浅はかに愚に聞ゆる事に、返て限なく深き妙理はある」[26]（『玉くしげ』）と神話のもつ「聖」へと一足飛びに参入し、そこに規範を見出した宣長と違って、秋成はあくまで「俗」の立場から民俗伝承的な神々への共感を抱きつつ、神代の伝説を古代人の様々な葛藤・対立の物語として読んだのである。[27] 秋成の『神代かたり』はその意味で、古代の説話・伝説の延長でしかなく、またそれゆえに、彼の『雨月物語』『春雨物語』といった伝奇的小説の世界に包摂されるものなのである。

註

(1) 以下、『神代かたり』とその「異文」からの引用は、『上田秋成全集』第一巻（中央公論社、一九九〇年）の頁数のみ記す。なお、傍点は引用者（以下同）。
(2) 同前、三一一頁。
(3) 『本居宣長全集』第七巻（筑摩書房、一九七一年）三六頁。
(4) 拙稿「宣長学における神の実在――「現身・御霊」論を中心に」（『季刊日本思想史』二五号、ぺりかん社、一九八五年）参照。
(5) 野口武彦『秋成幻戯』（青土社、一九八九年）一二頁参照。
(6) 丸山真男「歴史意識の「古層」」（『忠誠と反逆』筑摩書房、一九九二年）参照。
(7) 『本居宣長全集』第九巻（一九六八年）二九一頁。
(8) 「はしがき」（『秋成遺文』国書刊行会、一九七四年）二頁。
(9) 『近世神道論・前期国学』（日本思想大系39、岩波書店、一九七二年）三四五頁。
(10) 『上田秋成集』（日本古典文学大系56、岩波書店、一九五九年）二七二頁。
(11) 同前、二五八頁。
(12) 前掲『上田秋成全集』第一巻、三一四―三一五頁。

(13) 同前、一八一頁。
(14) 同前、七三—七四頁。
(15) 前掲『本居宣長全集』第七巻、二一八頁。
(16) 拙稿「宣長神学における国家秩序の生成」(『歴史学研究』六四一号、一九九三年)参照。
(17) 前掲『上田秋成全集』第一巻、二四一頁。
(18) 同前、二〇頁。
(19) 同前、三三頁。
(20) 同前、六二頁。
(21) 同前、一七頁。
(22) 前掲『秋成遺文』一〇七—一〇八頁。
(23) 前掲『上田秋成全集』第一巻、一一〇頁。
(24) 前掲『上田秋成集』二五二頁。
(25) 前掲『本居宣長全集』第九巻、二九四頁。
(26)『本居宣長全集』第八巻(一九七二年)三一六頁。
(27) 高田衛「『胆大小心録』の世界」(森山重雄編『日本文学 始源から現代へ』笠間書院、一九七八年)二七四頁参照。

第3章 橘守部の神典解釈――「タブー」の神学――

はじめに

橘守部(たちばなもりべ)(一七八一―一八四九)は富士谷御杖(一七六八―一八二三)とともに「反宣長」の立場を代表する国学者である。本居宣長の『古事記伝』が高い評価を確固たるものにするなかで、二人は『古事記伝』に対し尊崇とともに違和感を抱きつづける。二人とも『古事記伝』に大きな衝撃を受け敬意を抱きつつも、神典の「言」がそのまま神典の啓示する「事」だと信じることができなかったのである。神典への絶対視が揺るがない以上、その「言」と「事」とを媒介するための表現論・言語論が必要となってくる。そこに見出されたのが、御杖の「倒語」、守部の「幼語」「談辞」という神話叙述のレトリックであった。こうしたレトリックを獲得することによって二人は、「事」と

「言」との相即に神典注釈の基軸を置いた宣長の『古事記伝』を乗り越え、神典を千年の眠りから覚ましたと自負することができたのである。

「反宣長」を立脚点とした二人だが、富士谷成章(なりあきら)の息子・皆川淇園(みながわきえん)の甥として京都知識人層に生まれた御杖と、十三年遅れて伊勢国の大庄屋格という由緒ある素封家に生まれた守部にはまったく接点がなかったと思われる。しかし、ともに宣長批判のなかで自らの読みを頼りにユニークな言語論とそれに基づく神典解釈を展開している点で共通しているのである。二人とも思想的後継者をほとんどもたなかったためあまり注目されることがなかったが、現在、御杖は特異な国学者としてことに現代思想との関連で高い評価を得ている。それに対し、極論すれば、守部の独自性はともすれば宣長や篤胤のうちに解消されてしまっているといえる。

守部は十二歳の時に家が破産し、大坂を経て江戸へ移り、学問を志すのは宣長が没した後のことである。彼は六十二歳の天保十年(一八三九)に『古事記伝考異』(『難古事記伝』の前身)、その五年後に神典解釈の集大成ともいうべき『稜威道別(イツノチワキ)』、さらに二年後にそれをコンパクトに紹介した『神代直語(タダカ)』を成稿している。宣長の没後門人として後継者を自認する平田篤胤(一七七六—一八四三)に五年遅れて生を受け、ペリー来航の四年前に没した守部は、時代の流れに身を置き、生活者とかかわるなかで「神道ヲ興シ、文華驕飾ノ弊ヲ省」(『三大道弁』天理大学図書館蔵)くために神典の新たな解釈に向かい、晩年に一気に自らの神学論をまとめあげたのである。本章では、そうした彼が捉えた記紀の世界について検討してみたい。

一

橘守部は、天保後半頃と思われる門人宛書簡で「三九才ニ始テ真ノ道ヲサトリ得タリ。……真ノ処ハ真淵・宣長ガ云処ニモアラズ、其已前之処ニモアラズ。実ハ未ダ顕ハレザリシ也」[1]と述べている。この書簡では「真ノ道」が具体的に何を指すかは長くなるからと記していないが、彼が三十九歳となる文政二年（一八一九）五月十五日の日付をもち、「古事記の注釈」を期しての「頭書」だと文末に記される小文（『古事記索隠頭書』。以下、『頭書』）から推察することができる。[2]そこには、次のような記述がみられる。

そもそも此神代の古言は、もはら天皇の御系図、神社のゆゑよし、臣たちの氏々、国々の事跡どもを、世にいはゆる昔咄といふもののさまにいひ伝へ来にたれば、遠く久しき世々のあひだ、かのはなしにひかれて、あやしきこともまじりしなり。今はなしといへば、浮たる事の如くなれども、都もひなもなべていひつぐ物がたりは、撰者の手にまかすめる書籍よりも、たしかなり。……此事をわすれはてし千歳の後にして、おそくをぢなき此庭麿〔守部〕をしも、はじめて此事をさとりつるは、いとたふとく、うれしく、かつはあやしき[3]……。

ある種の感慨をもって記されているこの文は、「実事」と「戯れ」が混在する「昔咄」の語り方＝「文法[4]」を悟ったことが守部の神典解釈の第一歩であったことを示している。

この引用文をみる限り、「神代の古言」が伝えるのは天皇の系図、神社の由来、氏々や国々の事跡といった歴史的事象といえるものであり、伝える「さま」が「昔咄」風であるというにとどまり、そこから新たな解釈を示すには至っていない。『頭書』には、神代冒頭の神々の世界や「幽冥論」に関する記述がまったくみられないことからすると、一見常識的な虚実の分離論でしかないように読めなくもない。しかし、守部が記述された神話の世界から、口承される「昔咄」の「文法」を見出し、抽出したことは重要である。彼は、「昔咄」がたんなる「浮たる」フィクションではなく、都市も田舎も含めて日本中で語り伝えられてきた民俗的世界を基層とするものだと捉えることで、「いひつぐ物がたり」（口承）が「撰者の手にまかすめる書籍」（書記）よりも確かであると考えた。口承と書記、音声と文字を対比し、口承・音声の優位を説くのは宣長をはじめ多くの国学者に共通するところであるが、その背後には始源の時と後代、日本と中国の比較が控えており、文字から音声へという視点は日本語の純化と優越性の問題と固く結びつけられていた。しかし守部は、撰者が書いて「みち〳〵しきすぢ」だけを伝えると「世々のほどに附そへ」が起こり真を失う結果になるが、

「あやしくことそきてつたへ」(『頭書』)ると手を加える余地がなくなるという。つまり、口承と書記の違いを時代や国の違いに関連づけるのではなく、あくまでその表現方法に注目し、心理的作用を問題にする。発話することは書記することに比べるとはるかに無意識的な行為であるとして、人間心理の深層領域における意味生成が考慮に入れられているのである。そこに文献の表層的注釈では神代の事跡は解明できないとし、深層へと思い馳せた御杖と共通した発想をみることができよう。

　さらに、守部は口承であるとともに「かくしもたふとき帝紀の中に、たはれたる事うきたる事をさなき事などの多かるをおもふに、こは御代〳〵の天皇の幼い皇子たち、いまだ稚くましますほどの御口すさみなりしなるべし[5]」と、天皇家の皇子が「神代の古言」を聞き覚え口ずさむ光景が想定されている。つまり、「をさなめきたるいひなし」は乳母などが添い寝しながら、また徒然なるままに諭す際に、幼子が聞き覚えやすいように禽獣魚虫を登場させたり、珍しい話を付け加えたりして興味をそそったために生じたと考えたのである。口承の場に神性を宿し、またより無意識的存在である幼児の教育を想定することで、「戯れ」が単純な「戯れ」に終わりえない可能性が含意されている。

　このように書記による歴史の改竄と口承の「昔咄」のバリエーションとの違いや、神典を語る場として幼児教育という視点を獲得することによって、守部は神話解釈の扉を初めて開いたと自負したのである。逆にいえば、こうした神典の特異な語り方の問題に決着をつけなければ、神典の絶対的価値と「たはれたる事うきたる事をさなき事」との間にある齟齬を解消し、自己の神典解釈への道を突き進むことができなかったといえる。守部は宣長のように「浅はかに愚に聞ゆる事に、返て限なく深き妙理はある」(『玉くしげ』、Ⅷ・三一六頁)と開き直り恬然としてはいられなかったのである。

そうした神典研究の初期の段階を経て、守部は『稜威道別』を踏まえて『神代直語』「神秘第一条 神語本義」をこう書き出す。「神代の旧辞は……天下おしなべて神語と尊み、上なき国の教として、をさなき時よりくちずさましめ来しほどに、言はつひに幼語(ヲサナガタリ)とぞなり来にける」[6](Ⅱ・三〇四頁)。『頭書』の段階では「昔咄」概念に包摂されていた「幼語」を、一つの言語表現法として抽出したのである。守部は記紀の神話を解読するなかで、稚児が愛玩する物・よくする所作・遊びなどにことよせた表現が頻出していることを発見し「幼語」と概念化する。たとえば、諾冉の天の御柱廻りに児童の遊戯、大八島につけた子の名、「シコメ」(「凶目」)に「赤んべい」の所作、素戔嗚尊の慟哭する姿に児の泣く姿、少彦名命の登場に小さき物を愛でる幼児の癖、など枚挙に暇のないほどの幼児を意識した表現で「神語」は埋め尽くされている。それは何故かといえば、古代の人々は、「神代の古語」を身につけさせるために、幼児時代に遊びとも教育ともつかない方法で無意識のうちに伝えていくことが望ましいと考え、子が生まれて物を言い始めるとまず「神語を諳(ソラ)んぜしむるならひ」(Ⅱ・三〇四―三〇五頁)に従って暗記させ、天皇の無窮の統治・臣下の服従と奉仕・氏姓正しく職務を堅持し上を凌がないこと・神の霊徳への尊崇などを幼き時より教えたからだというのである。幼い頃より聞き諳んじてこそ「教」は体得し実感しうるものになる。それが「神語」の世界なのだと、守部は確信したのである。いわゆる児童の「教」というと、寺子屋での「仁義礼譲孝悌忠信」といった儒教の徳目や読み書きそろばんがすぐに想起される江戸時代後期にあって、神典を媒介とした幼児教育への着目は、宣長のいう「自然」に近い点があるようにもみえる。「神語」が「おのづからにして、天皇尊の御系譜のごとき体裁になったのは、人々が天神の系統を尊重し慕った「徴(シルシ)」であり「古伝説の正実(マサシ)く私なき明証(アカシ)」であり、神典は儒仏の経典の空理空論と違って「自然の事」「実事のみ」（Ⅰ・三二頁）であるから覚えられるのだと守部がいうのを聞くと、なおさらである。

しかし、守部の立論は、天皇家という枠組みを超えて天下の人々、ことに幼児に対する教育への配慮がまず前提となっているので、宣長の神典理解とは明確に異なっている。守部は、皇統起源譚としての神典が「正しき事のみを採て記せる」「本辞、本紀」だけでなく「煩はしき幼言、談辞(カタリゴト)」の混じった「旧辞ぶり」（Ⅱ・三〇六頁）で記されることには作為性があったとみなしている。そこに、宣長流の教えなきが教えであるとか、教えずとも人には生まれながらに道徳が備わっているといった捉え方に対する批判を読み取ることができる。宣長は「漢心」を批判するために、ことさらに「自然」を重んじ、教育の「作為」性を強く否定するが、守部によれば、それは「吾古伝は教の為に幼語になさしめし物」（Ⅰ・三二頁）であることを理解しなかったからであり、「教」の機能を有効に発揮するために考案された「幼語」という表現方法に気づかなかったことからくる「負をしみ」にすぎないのである。

宣長が、神典のもつ「物はかなさ」や「しどけなさ」に絶対的な価値を見出し、それらを「直く清かりし心」(『古事記伝』、IX・五三頁)という始源の時や日本の価値観に還元したのに対し、守部は、先に書記と異なる口承という言語表現そのもののあり方に注目したように、あくまで「幼語」がもつ幼児との関係世界を堅持し、そこに踏み止まろうとするのである。要するに、守部にとって「幼語」という概念は、たんに荒唐無稽な神話を合理的に説明するために考案されたのではなく、神典の言語表現に則して「神語」がまず何よりも幼児教育の場で語られたという認識に基づいて生まれてきたのである。それは、人々が「昔咄」という口承の世界で長い時間をかけて築き上げたひとつの有効なレトリックの発見といってよいものであった。

二

「幼語」とともに守部が抽出した「神語」の表現法が「談辞」である。「談辞」は「古へ此古伝説を語り伝ふるに、其言の勢ひにひかれかゝりに因て、自然にしか言ひ添らるゝ辞」(I・三八頁)とされ、「幼語」も「談辞のなかの一つ」(I・三九頁)とされている。漢籍による潤色もその一つであるが、中心をなすのは「其処の意を察（クミ）て故（コトサラ）に、一の物語風に語り続（スベ）て「註のさまに加へたる談辞」である。そうした「談辞の意趣」を心得ないと「本つ正伝」と「只語りなし」との区別がつかず、「古伝説もやがて上古の実物語」（同前）になってしまうという。ここで想定されている事態も「幼語」同様に、「神語」が如何により深く相手の心に浸透していくかという表現上の問題なのであり、それが独り歩きして「実物語」となる過程なのである。「談辞」にしても「幼語」にしても「本伝」が骨格だとすればそれは肉づけに相当する。もちろん守部にとってその「本伝」こそが重要であるには違いないが、だからといって「談辞」などの肉づけされた虚構の物語や表現が決して無意味だと考えるわけではない。なぜなら、「幼語」に比べてはるかに長々と記される「談辞」は、「本伝」だけではとても伝えることができない神典の神秘的で不可思議な世界を、物語化した豊かなイメージを媒介にして人々に実感させることを可能にするからである。それだけに逆に、『伊勢物語』や『土佐日記』の記すことが「実物語」のごとく思われるようになった（I・三八―三九頁）のと同様に、「本伝」と「談辞」の区別を難しくさせることにもなるのである。しかし、実は守部にとって「談辞」は、そうした文学的な虚構がもつ功罪相半ばする効用の問題を超えて、特異な宗教的な意味を有する絶対不可欠な要素とみなされているのである。

　守部は「談辞」という言葉を、記紀神話のなかで最も「一の物語風」に語られている物語、すなわち大国主神を主人公とする出雲神話から導き出している。その一つは、『古事記』の八千矛（やちほこ）神と沼河比売・須勢理比売との歌物語であり、「カタリゴト」という訓にかかわって提出されている。それぞれの歌には納めの文言として「許登能加多理其登母　許遠婆」[7]が付されているが、守部はこれに「事の談辞も是者」という漢字を当てる。さらに、八千矛神の歌物語全体は「此れを神語と謂ふ」[8]（I・四一頁）という言葉で締め括られているが、この「神語」を「カミゴト」と訓み歌物語だけを指すとした宣長説を批判し、「カミノカタリゴト」と訓み歌物語だけではなく大国主神の長い物語、すなわち八十神との争い・根国訪問・国造りを含む出雲神話全体を指す総括の言葉と捉える。そうしたうえで、『古事記』が大国主神の物語を「神語」だとわざわざ記すのは、それが「本辞」ではなく「談辞」であることを人々に知らせているのだと主張する（I・四一頁）。

もう一つは、『日本書紀』から導かれる。『古事記』における大国主神の出雲神話は、そのすべてが『日本書紀』本文では無視され、わずかに第六の一書に少彦名命と大三輪神とのことのみが記されているにすぎない。しかし、そこには『古事記』にみられない大国主神と少彦名命との国造りについての問答に、「是の談、蓋し幽深き致有らし」[9]との言葉が記されている。大国主神に国造りの是非を問われた少彦名命は「或は成せる所も有り。或は成らざるところも有り」[10]と意味深長に答えるが、それに続くのがこの言葉と少彦名命の常世国行きの記述である。この箇所を守部四十歳の文政三年（一八二〇）頃に成る『神道弁』においては、「談ぞとは、俗にいふ相談の意なり。けだし幽深之致あらんとは、……もろこしにわたりまして、つぎつぎに御国をさきはへ足しめんとおぼす、深き御はかりごとをの給はす也」（Ⅱ・三七三頁）と、続く少彦名命の常世国いきと結び付けて、国学の偏狭な排外性を批判するための論拠として挙げている。すでに『頭書』が成り、記紀の「昔咄」の語り方に注目した後の段階でも、「談」を「相談」と解し、「幽」も「深」に吸収され、特別な意味をもっていない。

ところが、守部の神学が大成した『稜威道別』段階では、「幽冥の深き致（ムネ）ある事ならんと地詞より云なり」（Ⅰ・二三〇頁）と、大きな転換をみせている。つまり、この言葉は「後人のさかしら」[11]だとの説があるが「これは記者の詞にはあらず。古伝説中の地詞」であるとその重要性を指摘し、伝承の時代においては「幽冥の深き理」は人々に周知なことで「何事の上も物事の成不成は、皆神の幽冥より量り給ふわざ」であることを知っていたことを示す記述だというのである。それとともに、「談」は相談などの意味ではなく「談辞」として概念化され、「幼言、談辞は幽冥の塡（う）め種（くさ）」（Ⅱ・三〇七頁）だとの特異な言説が導き出されるのである。「現世にして幽冥を語る事は、神のいたく嫌はせ給ふ事なれば、上代の人は深くこれを忌慎めり」（Ⅱ・三〇二頁）という守部の幽冥への畏怖の念、つまり幽冥へのタブー意識と強く結び合わされ、「談辞」は『頭書』の「昔咄」の段階と違って言語表現上の問題を超える宗教的意味が明確に意識されることになる。

守部は、神典は本来「本辞・本紀」だけでよいにもかかわらず、実際は多くの「談辞」が入り混じっているのは何故かと早く考えつづけたのであろう。その結果到達した結論が、古伝説は口承のなかで「いつとなく幼言、談辞」（Ⅱ・三〇六頁）が次々に付け加わり、さらにそれを漢籍に倣って記録に残す時代となると、「家々に私事」が加わり、漢文で記すことでますます偽りが多くなったのである。そのため、天武天皇はついに「本辞、本紀をすて、本つ旧辞に復さしめて、勅語して古事記を記さしめ」かつ「御子舎人親王に遺勅して、広く旧事ぶりの古伝説をあつめしめ」（Ⅱ・三〇七頁）たという。そして天智天皇までの三代における漢風の「翻訳」により漢文ぶりとなっているとはいえ、「もとだねは本つ旧辞ぶり」（Ⅱ・三〇八頁）であるので、「談辞」に遺っている「正実（マコト）」を読み取ることができると説く。つまり、そこには、古代人がもっている信仰の世界が確固として存在すると考えたのである。それを端的に示すのが、「談辞」＝「幽冥の塡め種」論であった。

守部によれば、上代において人々は、「尊き神の御正所（ミタヾカ）を、そのまゝに言にかけて白すをば、いたくおそれ畏みつればわざと物語ぶりにものはかなく語り顇し（クツ）」（Ⅰ・一〇四頁）たのであり、だからこそ、素戔嗚尊のごとき尊い神でも黄泉（幽冥）にかかわる時には「悪状（アシザマ）」にいわざるをえないのだという。また「塡め種（草）」とは、元来、城攻めの際に敵城の堀・溝などを埋めるのに使う草のことで、それが転じて比喩的に作戦上前線に出て犠牲となる兵士のことを指している。今でいう「埋め合わせ」という意味は当時はない。したがって、「談辞は幽冥の塡め種」という言葉は、「幽冥を語る事」を強く「忌慎」むという「禁忌」＝タブーの観念に基づく文章上のレトリックとして「談辞」が用いられたということになろう。つまり、「談辞して塡めなせるは幽冥の畏さを避んとてなるべし」というのが、彼の到達した「談辞」の存在理由だったのである。[12]
このように考えると、「昔咄」の口承性や「幼語」の幼児教育的側面への着目は確かに重要な事柄ではあるが、それはあくまで言語表現上の問題である。その背後には、「幼語、談辞」を「幽冥の塡め種」とみなす、現世において神のことを語ることへの「タブー」意識という信仰上の問題が厳存していることを看過してはならない。「談辞」は、神典解釈の「躓きの石」ともなりかねない危険性を有していたけれども、神典が多くの「談辞」を抱え込まなければならなかった必然性を守部は古代人のタブー意識にみたのである。
荒唐無稽で「赤本の怪談」（Ｉ・三四頁）めいた表象を併せもつ神典をいかに当代に再生させるのか、という重い課題を守部は、「寓言（カリゴト）のあらざるが真実の伝の明証（アカシ）」（『難古事記伝』、Ⅱ・一八九頁）と、宣長の寓言批判を継承しながら、しかも宣長のように没批判的な不可知論に陥らずに、「談辞」という「幽冥の塡め種」に隠されている神典の「本伝」を抽出していく作業に没頭する。そこに見出されたのが「幽冥」「顕露」両界の関係であった。

三

神道において「幽冥」を語ることは守部に限らず国学者に通有なことだといえる。ことに宣長から平田篤胤への展開過程において「幽冥」が脚光をあびていく後期国学ではなおさらである。宣長によって導かれた顕露界に対する幽冥界という他界への関心は、神道を体系化しこれを宗教として確立するためには不可欠のものになっていく。その場合、従来の国学研究では篤胤の「幽冥」観の影響が往々にして強調されがちで、守部の「幽冥」観の独自性が正当に評価されないうらみがある。[13]しかし、篤胤の言説が死後の「霊魂の行方」という救済論を軸にして現実の「怪異」への並々ならぬ関心に向かうのに対して、守部はそうした篤胤の議論が人々の神典への不審を増大させると考え、「幽冥界」の意味のいわば現世への奪還を試みるのである。

篤胤は宣長から服部中庸に至る「高天原―葦原中国―黄泉国」という垂直的コスモロジーを基本的に踏襲しているが、そうした三層空間論に守部は異議を申し立て次のようにいう。

天も、黄泉も共に幽冥にして、神に就ては阿米（アメ）といひ、鬼に就ては与美（ヨミ）といひ、此二を相兼て加微（カミ）とはいへり。……加微（カミ）は幽にて、此はただ仮に目に見えぬ隈（クマ）を云名にて、何れも然か云域の、此世の外に一所づつあるにはあらず。近くいはゞまのあたりにわたり、遠くいはゞ六合の内にみちぬべし。（Ⅱ・三一〇頁）

宣長が寓言論を排して、高天原を「天神の坐ます御国」（『古事記伝』、Ⅸ・一二三頁）として天上にある空間としたことの画期性はよく知られているが、それを逆行させたようなこの守部の「幽冥界」は、当時の人々にはどう映ったであろうか。一見すると日常生活の延長ともいえる親しさをもつかにみえる守部の「幽冥」解釈の特質を探ってみよう。

「幽冥界」を現世と同一領域で人間の身体を上下左右から包み込んでいるが人間には不可視の空間とする捉え方は、確かに篤胤が提起した「幽世」＝「カクリヨ」説を想起させる。なぜなら、篤胤が宣長の垂直的コスモロジーを継承しつつも「黄泉国＝死後の国＝幽冥界」説を否定し「黄泉国＝月」とし、死後の霊魂の世界、つまり幽世（幽冥界）を現世から空間的に遠く隔たることはないが不可視の世界と捉えているからである。守部も死者の霊魂は幽冥界にいくと述べており、死後の審判者としての大国主神といった篤胤の独自な考えを別にすれば、ほぼ同じ土俵に乗っているように思える。しかし、守部の主眼は幽冥界を高天原も黄泉も含めて顕露界と対比させるところにある。「天はもし日の旋る間(アハヒ)の幽冥をいひ、豫美(ヨミ)は日の光明の至(ラ)ぬ間の幽冥を云にもやあらん」（Ⅰ・四九頁）という時間軸的な説明や「阿米(アメ)は空眼(アカラメ)の中略、夜見(ヨミ)は闇(ヤミ)の通音」（Ⅰ・四八頁）という語源的な説明に支えられながら、目に見えない世界の二様の表象として「天」と「黄泉」を捉えることによって、幽顕論を三層空間論的なコスモロジーから解き放っていくのである。

そうしたコスモロジーとのかかわりで守部が批判する宣長説の一つに、「現身・御霊」論がある。宣長は、たとえば伊邪那岐の「御霊」は地上の淡路と多賀に鎮座し「現身」は天上の日之少宮に留まるとして、記載の異なる記紀を整合的に解釈した。それに対し守部は、日之少宮は出雲の日隅宮と同じく「幽冥に隠り坐て不レ見なり給ふよしの名」(『難古事記伝』、Ⅱ・二二六頁)であり、淡路で身を隠したことは幽冥に入ったことを意味しており、別所に日之少宮があるわけではないと主張する。宣長の「現身」をもつ神という概念を継承しながら、遠く隔たる「不レ見」の天上ではなく、ごく近くに隣接しても「不レ見」の幽冥界を空間として想定する。こうして守部の幽冥観は宣長と篤胤のコスモロジーとの錯綜した関係をもちながら、水平上の単一空間のなかに人間を超越しかつ生と死を一貫する原理を読み取っていくのである。

さて、守部にとって異次元とはいえ現世とともにある幽冥界は、人間界の事物・自然を人間と共有していることになる。天之真名井や天香具山といった「天」という接頭語は、同一物を「幽陰(カゲ)より神の用ひ給ふ」(『難古事記伝』、Ⅱ・二三〇頁)ことを表現しているという。幽冥界は現世と背中あわせであるがゆえに、つい人間が無意識にかかわってしまう危険性をはらむ空間なのである。そこで「天」の字を地名に符すことで、そこが幽冥界であることを喚起していると考えるのである。そこに人間の緊張感とタブーの意識が生まれる。その畏怖・畏敬の対象となるものの一つが樹木である。

彼は娘の浜子の筆になる『橘の昔話』で「神木の祟り」(Ⅻ・三四六頁)について述べている。守部が八、九歳の頃より家に凶事が続き十二歳の時ついに父が無実の罪に陥れられ一家潰滅となり、生まれた「伊勢国朝明(アサケ)郡小向(オブケ)村」を離れることになった。世間の人は「父君の短慮ゆゑに、あたら御家亡びたり」というが、守部はこれに納得しない。ずっと考えつづけてきた結果、安永九年（一七八〇）に家を改築した際に用いた材木のなかに「神木のまじりてありけるをしらで造りたれば、そのたたりなりき」というのが一家の不幸に対する守部の下した解答であった。守部が生を受ける前年のこの出来事は、彼の人生にとってまさに原点ともいうべき決定的な意味をもっていたのである。

守部は「ヒモロギ」を釈して「此語の本義は生諸樹（オヒモロキ）の於（オ）の省りたるにて、本は神霊の憑鎮（ヤドリトヾマ）り坐る森の樹立を指て申侍りき」（『鐘のひゞき』、Ⅷ・一四六―一四七頁）とし、宣長が「栄樹（サカキ）をたてて、其を神の御室（ミムロ）として祭るよりして云名にて、柴室木（フシムロギ）の意」（『古事記伝』、Ⅹ・一六八頁）とすることに異を唱える。「御諸」を「御室の義と釈し来しは、本末の違ありて古意を知ざるもの」（『鐘のひゞき』、Ⅷ・一四七頁）だという。「ヒモロギ」に「室」という限定された聖域をみるのか、それとも「諸樹」という森の木立をみるのか、そこに「聖」概念の「本末」をみている。守部によれば「ミモロ」や「カムナビ」とともに、上代は出雲や伊勢を除くと宮殿はなく、三輪山のように「生茂れる森ぞ即神の御社」であった。その「森（モリ）」は「隠（コモリ）」で「樹の繁り、隠りかなる」という言葉からは、特定の不可侵の境域というより不可視の神霊が木々の繁みにこもっているとの原イメージがみえてくる。

宣長が神霊のいる所を「室」という空間的聖域で捉えたことは、根源的な聖域「高天原」を茫漠たる天（空）ではなく「天神の坐ます御国」（『古事記伝』、Ⅸ・一二三頁）と限られた領域としたことから派生する、いわばミニ高天原としてなのである。それに対して守部は、コスモロジー的な区分により「聖」と「俗」を領域的に明確に区別するのではなく、鬼神と同じ地上で同棲することを余儀なくされている人間存在のありように目を向けている。一般的な聖域概念によれば、聖域に囲いがあるのはたんに内部に聖なるものが顕現していることを意味しているだけでなく、うっかり人々がそこに入りこまないように防御する役割をもっており、宗教的な儀礼を行なうことなく不用意に聖域に接近・接触するのが危険なことを示している。[14] とすると、守部のいう如く、人間は隔てなく不可視の聖なるものに囲繞されて生きることは、浮遊し往来する神霊と絶えず隣り合わせに生きる危険を負っていることになる。たとえば、守部がここで神霊が宿る例とした樹木は、人間にとって極めて親しいものであるけれども、同時に危険をはらんだものなのである。人間はこうした樹木＝神木とどう向き合って生きていけばよいのかを絶えず問われている。そこでは、幽冥界への畏れは増大し、危険を回避する多様な手立てが必要となってくる。

守部によれば、幽冥界とはいっても、「天界」の賞罰は善悪邪正に基づくから対処しやすいが、「黄泉界」から来る災禍の防御は難しい。つまり「死行人の魂のみならず、禍日の八十神、大禍をはじめ、怨霊、鬼物、妖物、諸魔物等の隠れ栖隈（ハ）路」より来る黄泉国の「殃災」は「却て善人の禍（マガ）るが多かれば、懼（オソ）るべき限」（Ⅱ・三一三頁）なのである。こういう人智を超えた事態に、人は為す術を失う。そのため古代において天皇は代々厳かに「御門祭」「道饗祭」などの「祭」を行なってきたが、神祇への崇敬の念が薄れ「祭」が疎かになって以来、朝廷は衰退し天下に凶事が増えつづけたという。[15] それゆえに、守部はいっそう「天神地祇を奉斎(イツキタテマツ)り、身を慎み、心を清め、仮にも悪き行跡せず、不浄に染ず、家の内をよく掃きよめて、善神の御霊よせあるやうに心懸」け、鬼物などが乗ずることのないように人々が日常生活を送ることを強く求めるのである。しかし、宣長が黄泉国を穢れた死者の国としながらも善悪の両義的性格をみたように、[16] 守部も黄泉界を単純な魔界とみなし否定したりはしない。黄泉界は「天に亜(ツギ)て尊き界」であり、それは「昼夜」「海陸」「夫婦」「水火」のごとく天界とは正反対ではあるが、互いに助け合う相互補完的な関係なのである。だから、人々は「幸福を招き、凶災を却(シリゾク)るに」は、「水火の如き理」を認識して「庭火、身滌(ミソギ)の神術(カムワザ)」（Ⅱ・三一四頁）を行なうことが必要なのだという。

守部は『待問雑記』のなかで、武蔵国桐生・足利・幸手連の門人たちの求めに応じて生活上の雑多な知識・知恵を述べているが、その実利的・世俗的処世訓の披瀝とは裏腹に、鹿・猿・鶏を食べるな、竈所の火を穢すな、樹木を濫伐するな、といった民俗的な禁忌をこまごまと記している（Ⅻ・二二九―二三〇頁、二四五―二四六頁）。守部にとって「此世中は天と黄泉とに所ふたげて、人は纔にその間に寄生(ヤドリス)むもの」（Ⅱ・三一七頁）であり、人間は所詮「幽冥の借物」（Ⅱ・三一八頁）でしかないのである。そして、こうした世界観は、世のなかの出来事の背後に神祇の霊異を見、感じることができなければ成立しない。では、人間に不幸と災いをもたらす根本的な原因であるとされる人々の信仰心が衰微している状況にあって、どのようにしたら不可視の神の実在を信じ信仰を回復することができるのであろうか。

皇祖神である天照大御神が太陽として現在でも可視であることを根拠に神の実在を説いたのは宣長であったが、守部は現世に遍在するとされた神の実在を次のように説明する。彼は『稜威道別』の初稿を成した翌年天保一四年(一八四三)に、人々の「信(マコト)」を得るには「八十言の葉は尽すとも、一の験をしめすにしかず」(『歴朝神異例』、Ⅵ・一頁)と考え、神武紀で終わる『道別』を補うように、歴史上の「神の霊異の顕現」をまとめた『歴朝神異例』を著している。同書では、天照大御神・三種の神器・歴代皇祖神の「霊異」、夷賊懲罰・国土修理などの「霊異」が諸書から抜粋され、それぞれに簡単な見解が付されている。ことに神器である鏡・剣が喪失し、内侍所・伊勢神宮の火災や全国各地で怪異・災害・反乱などが起こったのは、仏教に溺れた天皇が「仏ゆゑの災害とは思ひつかざるから、ます〳〵仏を念じける」(Ⅵ・四二頁)という悪循環の結果だと天皇を批難している。このように守部は、神祇への崇敬の心を失い仏教に惑溺した張本人が、最高の祭祀者であるほかならぬ天皇自身であり、世の治乱の根本的原因はそこにあるとみなすのである。もちろん、『歴朝神異例』では「神異」として「祟り」だけではなく国土の生成や夷狄からの防御などの吉事も挙げられている。それら「吉凶禍福」の歴史上の出来事をすべて「神異」の顕れと捉え、神の意思が世を動かしていることを教え、「神の御心と世の盛衰治乱とおのづからにあひあへる」(Ⅵ・二頁)というように、神の実在は歴史的出来事そのものが証明していると主張している。しかしながら、幽冥界と現世との関りについては、「凡て、世中の吉凶は、神の御所行（ミシワザ）」（Ⅵ・四二頁）と述べているが、幽冥への禁忌を重視する守部は、宣長のように既存の秩序にただ随順するしかないと考えるわけにはいかなかった。彼の幽顕論は幽冥界の神々もタブーの問題から自由ではないとする認識を伴っていたのである。

四

守部の「幽顕」論の独自性は、篤胤のごとく大国主神の国譲りから説き起こすのではなく、神代の冒頭から一貫して「幽顕」概念を用いて神話を解釈するところにある。守部によれば神話は、別天神の幽冥界からの顕出によって始まり、神々の幽冥界と顕露界との行き来によって展開することになる。神は人と違い「天神も地神も、幽顕を相摂（アヒカネ）てしろしめ」（Ⅱ・三一五頁）す存在であり、最祖である天御中主神以下十七神も幽冥より顕れて事をなしている間は「顕露事」であり、隠れた後の「神量（カムハカリ）」が「幽事」となるという。ほかに、天降った瓊々杵尊と幽冥界へ隠れた大国主神の関係でいうと、両者は「互に幽顕を取かへ」て以前の世界から離れてしまったのである。そして、「神皇産霊尊の昔より、幽顕の隔疆（ヘダテ）いと厳重（オゴソカ）」（Ⅱ・三一三頁）ななかで、幽冥界から顕露界へ、顕露界から幽冥界への神々の出入りを神典が語ることによって、人間が犯してはならない「幽顕（カミアラハニ）の隔」を啓示しているという。こうして守部は、記紀の語る始源の時は「天地」の始まりではなく、幽冥界を「本つ界」（Ⅱ・三一五頁）とする「幽顕」の始まりを語る神話だとの解釈を提示する。

まず、別天神五代による「幽冥（アメ）の発端」、神世七代による「顕明（クニ）の開始」（Ⅰ・七〇頁）が語られ、伊弉諾尊・伊弉冉尊による神生みから「幽顕の隔」の意味が人々に知らされる。守部が記す「幽顕の隔」の始まりは次のとおりである。

> 伊弉諾尊・伊弉冉尊の両神が数多の神を生み出した後、天と黄泉の君を生もうとするが時至らず、火産霊神を生んだ女神の伊弉冉尊は幽冥に入る。事を終えていない男神の伊弉諾尊は後を追うが、女神は幽より守護するために幽冥に入ったので、男神が顕界に戻ってよきわざをすれば、「天地の主君（キミ）」が顕れ出ると「契」る。顕界に帰った男神は「幽顕の隔を犯して、あづなひの罪を得つ」として「身滌」をする。（Ⅱ・三二四―三二五頁）

守部によれば、この段の「古意」は「一柱は幽冥に入坐て即幽顕の御誓（ミウケヒ）なし坐き。故女神は黄泉にて慎みまし、男神は現国にて大御身の祓し給ふ」（Ⅱ・三二五頁）ことを伝えたのだという。つまり、天と黄泉の君を生むためには現世での二神の協力ではなく幽冥からの助力が必要だと解釈する。それが両神の「幽顕の御誓」であるが、それは同時に「幽顕の隔」を犯すという「あづなひの罪」を犯すことでもある。そのため女神は「慎み」、男神は「身滌」という形でそれぞれ罪を祓い、その結果、天照大御神という天の君、素戔嗚尊という黄泉の君が生まれる。

次に天照大御神と素戔嗚尊との「天と黄泉との誓」で「天日嗣皇子」（忍穂耳尊）が顕れ出たが、同じく「あづなひの罪」を犯したため、天照大御神は天岩屋戸に籠って慎み、素戔嗚尊は千座置戸の「解除(ハラヘ)」をして慎む。そして、「此御慎は、上に伊弉諾尊の阿豆那比罪(アヅナヒノツミ)に依て、重き御禊し給ひつると全同(ラ)例」（Ⅱ・三三三頁）だという。そして、「幽冥の御誓に出現坐し御子は、必幽冥を知すべければ、一世隔て夫婦の中より顕出坐(アレ)たるが、必ず皇緒には立つべきことわり」（Ⅱ・三四一頁）により、忍穂耳尊の子瓊々杵尊が葦原中国の君となったという。

以上が、守部が読み取った神代の物語の核心部分である。幽冥のことを直截に語ることが憚れるため、黄泉国の様子、素戔嗚尊の勝さび、出雲神話などの多くの「幽冥の塡め種」である「談辞」に惑わされ、これまで神典の意味が見失われていたが、こうして神々による「幽顕の御誓」という「幽顕の隔」の「犯」（「あづなひの罪」）、それを「解除」することによる「天」「黄泉」「現国」の「大君」の誕生が明らかになったと主張する。

このように守部の神典解釈の要諦は、「幽顕の隔」を犯す「あづなひの罪」にある。しかし、この語は『古事記』にはみられず、二社の祝者を合葬する「あづなひの罪」を犯したことにより「常世行く」状態が続いたという『日本書紀』神功皇后紀の故事に由来する。「あづなひの罪」は、氏族を異にする者の合葬や男色の禁忌の習俗を指しているという説があるが、現在でも未詳である。守部はこれを神典解釈のキーワードとみなし、独自な解釈を施していく。

守部は、神功紀の記述は「天岩屋戸隠」の旧辞が紛れ込んだのであり、「阿豆（アヅ）は天現（アメウツ）の約り、那比（ナヒ）は其幽顕を相混（マジ）へてものするを云下の活き辞」（II・三三一頁）であり、天と黄泉との御誓により子が生まれたことをその昔は「あづなひの罪」と言ったと解釈する。ここで注意しておかなければならないのは、「天現」という「幽顕」の接触と「天と黄泉」という二つの「幽」との接触がまったく「同例」とされ、どちらも「幽顕」の「あづなひの罪」として一括されていることである。そして、「侵犯」と「解除」のあり方はそれぞれ異なっているが、そうした相違は「談辞」に属することであり神学上意味はないと考えられている。つまり、伊弉諾尊と伊弉冉尊、天照大御神と素戔嗚尊という二組の男女神の最終的居所は一方は「天」であり他方は「黄泉」であるが、その過程において幽顕の両界を往来し「御誓」するという「あづなひの罪」を犯すなかで子が生まれ、事が成就することは同じなのである。先にみたように「幽」には善悪併存の性格があるが、その基底にははるかに広汎で根本的な「幽」と「顕」、より普遍化していえばいわゆる「聖」と「俗」を分離しようとする信仰の体系が存在することを確認することができる。「幽顕」を兼ねる神々は、「幽顕の御誓」という「あづなひの罪」をあえて犯しその罪を慎み祓うことによって、顕界だけでは不可能な困難な物事を成し遂げたとされるのである。

このように守部の描く神々は「幽顕を相摂(カネ)」て幽冥界と顕露界とを自由に出入りすることができる存在だが、しかし天地の初め以来の「幽顕の隔」のタブーから自由ではない。幽冥界よりの守護・助力なくしては重要な物事をなし得ないにもかかわらず、それを成就するには神々とて「幽顕の隔」を犯さざるを得ないので、神々にとっても「タブー」の侵犯は避けられない。だが、「御誓」のために「幽顕の隔」を犯しまたそれを慎み祓うことで事を成就することは、幽顕の両界を「相摂」て自由に往来できる神々だけがもつ特権なのである。顕露界に生き、死して幽冥界へ往く人間には不可能なことである。

こうした神と人との峻別こそは、「誓」→「罪」→「祓」→「君の誕生」という吉凶の連鎖を神典にみる捉え方が、宣長の「吉凶相根差す理」を想起させるにもかかわらず、守部が宣長の説を「古伝の上になき暗推の説どもなれば、取にたらず」（『難古事記伝』、Ⅱ・二二四頁）と一蹴する立場を説明してくれる。宣長の「吉凶相根差す理」は、「猥に神の御上に善悪邪正」（『難古事記伝』、Ⅱ・二二三頁）を持ち込み、「幽顕」という神秘的で神聖な概念を「吉凶禍福」という世俗的な概念に貶めるものに守部にはみえたのであろう。というのは、宣長神学の独自性は顕幽と吉凶とを相関させ、「幽事」を凶の源泉であり死後の国である黄泉国とを結びつけたところにあり、そこに高天原のほかに黄泉国という、現世（葦原中国）とは次元の異なる世界が想定され、彼の三層構造のコスモロジーが成立するからである。宣長は「此天地を始めて、万の物も事業(コト)も悉に皆、此二柱の産巣日大御神の産霊(ムスビ)に資(ヨリ)て成出るもの」(『古事記伝』、IX・一二九頁)だと高天原に人間の世の「始源」「原型」を見出したのに対して、三層構造のコスモロジーを否定した守部の幽冥界は、むしろ天が黄泉へと吸収されるかのようにして成立する。守部のいう「二柱並ばす神の必ず一柱は幽冥に入て、陰より助け給ふ」(II・三六四頁)との言葉は、宣長の「相並坐神有て、此神〔両産巣日神〕の産霊の御功の成れることの同じさまなる」(『古事記伝』、IX・一三〇頁)との捉え方を再び想起させるが、しかし、守部にとって、幽冥界は人間が「幽顕の隔」を犯すことへの強烈な「タブー」意識だったように、「陰より助け給ふ」というより陰より脅かす世界であったのである。

おわりに

宗教というものがデュルケムのいうように、「聖」と「俗」の分離、禁忌された事物にかかわる信念と行為の体系であるとするなら、[17]「あづなひの罪」を核とする守部の「タブー」の神学は、そうした宗教本来の課題に応えようとするものであったといえるかもしれない。守部は、人間は「幽冥の借物」でしかないといっているが、それを宣長が人形と人形遣いとの比喩を用いて「顕事とても畢竟は幽事の外ならね」(『玉くしげ』、VIII・三二〇頁)としたことと同一線上に置くことはできない。

なぜなら、宣長は人間世界を取り囲む目にみえない不可思議な幽冥界を、その絶対性・超越性のゆえにかえって顕露界に生きる人々に安心と自由を保証してくれる空間と捉えたのに対し、守部は人智では測り知れない神秘性ゆえに人間が憧れつつ怯え、敬いつつ畏れるというアンビヴァレントな態度をとらざるを得ない危険な空間として幽冥界を捉えているからである。

人間にとっての「タブー」とは、最も強く憧れ欲求されるがゆえに逆に厳重に禁止されるところに成立し、それが文化形成の根底をなすといわれる。[18] 守部の幽冥界は篤胤のように主に人間が死後にかかわる世界ではなく、あくまで現世という「仮」の世にしか生きられない人間がまさにこの現世においてかかわる世界なのである。そこに「タブー」意識が生まれる歴史的な必然性がある。守部にとって、神と人間を媒介する最高の司祭としての天皇とは、神代の祭儀に基づく諸儀礼を執り行なうことによって「幽顕の隔」を厳重にし、幽冥界からやって来るさまざまな凶事を防遏（ぼうあつ）し、人間に幸いをもたらす存在である。それが天照大御神と素戔嗚尊の「御誓」という「あづなひの罪」を祓うことによって誕生した天皇の厳粛な務めなのである。守部の神学としての独自性は、日本人の信仰を幽冥界への「タブー」意識を喚起し、それを強調することによってあるべき秩序を再生させようとするところにあったのである。

註

（1）鈴木暎一『橘守部』（吉川弘文館、一九七二年）五八頁。

（2）同前、五八―六二頁参照。

（3）『橘守部集』（国学大系一四、地平社、一九四四年）三五一頁、三五四頁。〔　〕内は引用者（以下同）。

（4）同前、三五四頁。

（5）同前、三五二頁。

（6）以下、『新訂増補 橘守部全集』（国書刊行会、一九二一年）からの引用は、書名、全集巻数（ローマ数字で表記）・頁数の順で本文中に記載した。ただし、第一巻の『稜威道別』および第二巻の『神代直語』は巻数と頁数のみを記し書名は省略する。また、『本居宣長全集』（筑摩書房、一九六八～一九九三年）からの引用も同様の順で略記する。

（7）『古事記』（『古事記・祝詞』日本古典文学大系1、岩波書店、一九五八年）一〇〇頁。

（8）同前、一〇五頁。

（9）『日本書紀 上』（日本古典文学大系67、岩波書店、一九六七年）一二九頁。

（10）同前、一二八―一二九頁。

（11）同前の注にも「衍入とする説があるが、古写本にすべて存する」と記されている。

（12）守部は同頁で、『日本紀問答』から、黄泉を穢れた凶悪国としているのは「倒語」であり「倒語シテ幸福ヲ招」との記述を引用している。御杖の「倒語」と守部の「談辞」との近さを暗示しているようである。

（13）前掲『橘守部集』一八六―一八七頁参照。村岡典嗣は、幽冥を死の観念から離れて考えたところに「独立自発の思想」をみている（「復古神道に於ける幽冥観の変遷」、『増訂 日本思想史研究』岩波書店、一九四〇年、三〇六―三〇七頁参照）。

（14）Ｍ・エリアーデ『聖なる空間と時間』久米博訳（『エリアーデ著作集』第三巻、せりか書房、一九七四年）六二―六三頁参照。
（15）スーザン・Ｌ・バーンズは同様の箇所から、天皇が幽顕の「境」を守り保護することで「国」の安全を保証しているという（「詩学と解釈学の間――橘守部の思想」、『思想』八〇九号、岩波書店、九五―九六頁参照）。しかし、続く守部の主張は人々の日常生活のあり方や奉斎の指摘であることからすると、守部の重点は天皇の祭祀よりも「幽」に対する人々の自覚を促すことにあると考えられる。
（16）拙著『宣長神学の構造――仮構された「神代」』（ぺりかん社、一九九九年）第五章参照。
（17）Ｅ・デュルケム『宗教生活の原初形態下』古野清人訳（岩波書店、一九四二年）一一八頁参照。
（18）Ｓ・フロイト『トーテムとタブー』高橋義孝他訳（『フロイト著作集』第三巻、人文書院、一九六九年）第二章参照。

第4章 平田篤胤の神典解釈――宇宙論的創世神話の考察――

平田篤胤（一七七六―一八四三）は、文化八年（一八一一）から翌年にかけて駿河国の門人柴崎直古（なおふる）の家に滞在した折、『古史成文』三巻をはじめ『古史徴』と『霊能御柱（たまのみはしら）』の草稿などみずからの神典研究の中心をなす一連の草稿をわずか一ヵ月余りの間に成立させている。『古史成文』の「古史」とは『古事記』と『日本書紀』を指し、この記紀二典を中心に他の古記録を取り混ぜて、篤胤の考えに基づいて一貫した「古史」として成文化したものである。そして、このとき『古史成文』の注釈書である『古史伝』の構想がすでに「腹中」に出来上がっていたという。こうした「古史」の策定の意図は、初学の人を思い惑わせる「神世の異説を正し明し（タダシアカシ）、国史に遺漏れる（ミフミモレノコ）古伝を、傍の書等（カタヘフミドモ）より、拾い採りて（ヒロイトリ）、一貫に見通す（ヒトツラミワタ）」（『古史徴』、V・二三一―二三二頁）ところにあった。子安宣邦は同じ箇所を引いて、それを「「神代のストーリー」への発見的な、イマジナティヴな眼差しをもってする作業」とし、「神の摂理を弁証する宇宙の生成過程を明示するテクスト」として『古史成文』

と『霊能真柱』の草稿が成立する、といっている。[1]また、鈴屋門下の西田直養(なおかい)は篤胤が「和銅、養老の頃に生れ出なば、紀記共、前後の次第を立、精撰の書にすべきを、こればかりは臍をかみても及びがたし。二書共、作者の臆断といふことはなく、渾て古伝説を集められたるものなるを、次第前後せしより、大いに人の疑惑となる。只々残念なり」[2]と話したことを記している。エドマンド・リーチが神話を「多種多様な反復、反転、変形がつもりつもってひとつの一貫した「メッセージ」になるさま」[3]と捉えたように、篤胤は「事は同(オナジク)して、互に名(ナ)の異(カハ)れる故に異説と見ゆるあり」と捉え、「其説々(ノ)を悉(ことごとく)に徴(アカ)し正(ただ)したる趣(サマ)」(X・二三二頁)の目論見を知らせている言葉である。

しかし、そうした古伝の「精撰」への意欲とともに、篤胤は「顕幽」両界を宇宙から民俗まで世界的・普遍的規模で説明しようとする夢想ともいえる壮大な願望をもつことになる。水戸学の藤田東湖に「妄誕にはこまり申候へ共、気概には感服仕候」[4]と評されるほど毀誉褒貶の只中にあって、十九世紀中葉の変動する地域社会の秩序に責任をもつ村落支配者層を中心にその学問と思想は拡がっていくことになる。

完成者の宣長以後、もろもろの国学者たちは、多かれ少なかれ宣長学に違和感を抱きつつ、みずからの神典解釈を推し進めていったのである。そのなかでも、広範囲にわたって宣長学の成果を整然と手順を踏んで批判的に継承しようとした弟子である平田篤胤こそは、さまざまな毀誉褒貶があって、現代の学問的知識からみても、最もふさわしい「継承者」といえる人物であろう。以下、主に『古史伝』の注釈にそって、篤胤の神典解釈の特質を考察することにしよう。

一　「神代」と「神世」

八世紀初め、日本最古の文献である『古事記』（七一二年）とそれに続く日本初の正史である『日本書紀』（七二〇年）は、「神代」を時間軸の始まりに据える歴史書として誕生した。そして「神代」から「人代」へと連続的に接続するこの神話的な歴史は、単に自然的時間の継起からは生まれない甚大な影響を後世にもたらすことになる。たとえば近世前期には、歴史的時間から「神代」を削除することによって歴史を合理化したり、「天人唯一」という観念に基づいて朱子学的「理」が貫いていると説いたり、「神とは人也」と歴史的事実の比喩的表現とみなしたり、「神代」は作り事・作り話だとするなど、さまざまな神典解釈が試みられた。そしてそれらに決定的な転換をもたらしたのが、国学の大成者・本居宣長であった。宣長は「神代」を歴史的時間と捉えるとともに、始原の時を記すいわば「原型」的時間と捉えたのである。それは同時代と後代の国学者たちの神話的想像力を刺激し、自分たちが生きる時代の意味を改めて考えさせることになる。平田篤胤はそのなかでも中心的人物であった。

『日本書紀』の巻一・巻二が「神代」上・下と記されていることから、『古事記』の上巻は便宜上「神代」と呼ばれている。しかし、記紀の本文では「神世七代」の言葉しか出てこない。宣長は『古事記伝』で「神世」を「カミヨ」と訓み「神世とは、人代と別て云称なり、其はいと上代の人は、凡て皆神なりし故に然言り」（Ⅸ・一五三頁）といっているが、それを踏まえて篤胤は『古史伝』において「神世とは、上代を尊み、当世を貶して人世と為たる称にて、神の所治看せる御世と云意なる」（Ⅰ・一四二頁）と述べている。この見過ごしてしまいそうな両者の相違を明確化するために、篤胤は「師説に、いと上代の人は、凡て皆神なりし故に、然言りとあるは委からず。其は伊邪那岐、伊邪那美神の御世より、早く青人草蕃息りて、其世に神と称しは、中に重立たる神を申せることに、心著れざりし故なり」と注記を施している。篤胤にとって「神世」とは、宣長と違って神ばかりでなく、神に支配される人間＝「青人草」が存在することが決定的に重要なのである。だからこそ後述するように、記紀に記述がないにもかかわらず、篤胤は他の古文献をあさって「青人草」の誕生を力説するのである。篤胤が「神世」と「神代」の区別にこだわるのは、その点に関連している。

宣長は「神世七代」の「世字と代字とを書けること、異なる意あるに非ず、神代七世と易て書たらむも、只同じことなり」（Ⅸ・一五四頁）と、「神世」と「神代」とを区別してはいない。そして、その例証として『日本書紀』の巻首には「神代」と記しながら、ここでは『古事記』と同様に「神世七代」と書いていることを挙げている。

では、ここで記紀がともに、国之常立神から伊邪那岐・伊邪那美（以下、岐美）までの時代を「神世」と記している意味を、宣長はどのように考えているのであろうか。それは、次の「五代の神代の時」からみると「天地の初発の時にして、神の状も世のさまも、又甚く異な」（Ⅸ・一五三頁）るからである。篤胤も、「神世」は「天照大御神・須佐之男命の時より、大国主神の世までに云りし称の、遺れり」（Ⅰ・一四二頁）と宣長の考えを基本的に継承している。しかし、それと同時に『古今集』序の須佐之男命の神詠の問題を持ち出して、須佐之男命の時を「人世」と呼んで「伊邪那岐・伊邪那美命の時を云て、神世とはいはざれども、神世とせるなり、……最上代の意の残れる伝によりて、作れし文なるべし」（同前）と述べている。つまり、須佐之男命の時代を「人世」と称することと対比して、岐美の時代を神が人を含む地上の万物を生み統治する「神世」と捉えているのである。それだけ天照大御神・須佐之男命の時代は「神世」における人の比重が大きくなっている。そしてさらに、天照大御神の詔命により邇々芸命が天降りして「大国主神は幽事治給ふことゝ成て、是より顕世と幽世と分りて、此の七代の神世は更なり、大国主神の治看しゝ間をも、邇々芸命より次々の御々代々に、神世と言たり」（Ⅰ・一四三頁）と、人間の生死の問題を「顕幽」のコスモロジーとして弁証する、新たな段階の「神世」観を提示している。

要するに、宣長は「上代の人は、凡て皆神なりし故に然言り」というように「神代」（時間）は「神世」（空間）に一致していたが、篤胤にとっては「神代」は、「重立たる神」たちが時間的流れのなかでそれぞれの役割を担い、「神世」＝「神の所治看せる御世」を何段階も経て完成に向かうのである。換言すれば、神と人を連続的に捉える宣長にとっては、「神代」は「たゞ古を広く神代と云り」というだけで十分であったのに対し、神と異なる人間のあり方を重視する篤胤は、「神代」の展開のなかに人間の誕生と死の問題を解読していかなければならなかった。その結果、篤胤は、宣長の注釈学世界から出発して、曖昧で非合理な神話的素材に新たな解釈を打ち出し、独自な神話的な世界観の形成に向かっていくのである。

二　造化三神と天・地・黄泉の生成

篤胤は『古事記』冒頭の「天地初発之時」や『日本書紀』本文の「古天地未剖」を採らないで、第五の一書「天地未生之時」を採用して、天之御中主神の誕生を説明する。つまり、天之御中主神の出現は、天地が始まった時でもなく、また天地がまだ分かれない時でもなく、天地というものが生まれる以前と解釈する。それは天之御中主神が「無始より坐ませば、最第一の神」（I・一〇〇頁）という始原の神格を強調するからである。そして「無始より」誕生し「宇宙の万物を、悉く主宰(ツカサド)り給ふ事」を役目とする主宰神・天之御中主神に対しても、篤胤はその神格を空間的にはっきりと位置づけ、その働きを明確化しないではいられない。篤胤は、宣長の語釈である「天真中(テンノマナカ)に坐々て、世中の宇斯(ウシ)たる神」と述べたうえで、「天」とは「上方より始めて、四方に広く遠く見遥(ミハル)かさる、疆界を云ふ」（I・九八頁）といい、「天真中」とは「此頂上の処すなはち北辰」であると解釈するのである。つまり、「北辰星」＝北極星のあるところは、「円形」をしている「天」の頂上から四方を見下ろす位置にある。そしてその「天」の「名義は网にて、阿美、阿麻、阿牟、阿麻牟とも活用く言なり」とし、その「北辰の処」は「天の本域にて、すなはち世界の大网なり」と説明する。天之御中主神は「五百綱千綱を引延て、編成せる如く」（I・一〇〇頁）と喩えられるように、「天網恢々疎にして漏らさず」という「諸越籍」にもみられる通り、宇宙的神話的な「天網」のイメージに引きつけて捉えられている。要するに、天之御中主神は、どんな些細なことでも洩らさない秩序や原理を形成する政治的神格であろう。それが篤胤にとって、宇宙を主宰することの一つの意味なのである。それとともに、天之御中主神のより根源的な機能は「女男の御徳を兼有ち、為こと無して、産霊の根原を司給ひて、寂然に坐まし」（I・一二三頁）て、産霊神の男女の働きを司っているのである。このように、天之御中主神は宇宙の根源にあって絶大な役割を果たしているにもかかわらず、記紀においてその事跡が何も記されていないことには、「幽き所以」（I・一二四頁）があると考えている。

さて、天之御中主神を含む高皇産霊神と神皇産霊神の「三柱の大神」が「天地及び万物を主宰り給う」（I・九八頁）のであるが、天之御中主神の主宰神と違って両産霊神はいかなる役割をするのであろうか。宣長は、第一に「世間に有とあることは、此天地を始めて、万の物も事業も悉に皆、此二柱の産巣日大御神の産霊に資て成出るものなり」という定義を出したうえで、古伝の「顕れて物に見えたる跡」を「相並坐神有て、此神の産霊の御功の成れること」に「深き理」を見出している。そして、記紀の神典に二神が同時に登場することがないので、二神は「二柱にして一柱の如く、一柱かと思へば二柱にして、其差の髣髴(オホホ)しきは、いと深き所以あることにぞあるべき」(Ⅸ・一三一頁)と述べている。篤胤はこの師説を一応肯定するが、名前の異なる両産霊神には「いと深き所以」があるにもかかわらず、それをいわないのは「委からず」として、「高皇産霊神は、男神に坐々て、産霊の外事(ツ)を掌坐(シリ)し、神皇産霊神は、女神に坐々て、産霊の内事(ツ)をなむ掌給ふなる」(Ⅰ・一〇四頁)と、自らの考えを披瀝する。さらに、祝詞などに出てくる「神呂岐」「神呂美」も男女の神であるとし、これをそれぞれ高皇産霊神と神皇産霊神と同一視している。

宣長によれば、両産霊神から始まる岐美二神―天照大御神―皇美孫命の「事依(コトヨサシ)」の連鎖および産霊神の「御子」と他の「相並」ぶ神の連鎖によって、「天皇の天下をしろしめす道」が成立したことになる。しかし、篤胤は、宣長の「神代の事跡」にみられる「神の道」を「天皇の天下をしろしめす道」とする限定的な捉え方に異議を唱え、もっと広く人間の生き方を含むものと捉え、そのために産霊神の性別を明確にし、男神・女神としての役割を分担させたのではないかと思われる。では、ここでいう男神である高皇産霊神の「外事(ツ)」と女神である神皇産霊神の「内事(ツ)」とは、具体的にどのようなことを指しているのであろうか。

篤胤は、天照大御神の天石窟に幽居した時や皇美麻命の天降りする時などに、高皇産霊神が事を執行したことを「外事」といっている。それに対して、神皇産霊神が大名持神の焼石による死に際して蚶貝比売・蛤貝比売を降ろして活かしたこと、少毘古那神と大名持神に兄弟となり国造りせよと詔命したことなどを「内事」といっている。高皇産霊神の「外事」は主に世界・国家の危機を克服し発展させる役割を指しており、宣長のいう「事依」と対応するが、神皇産霊神の「内事」は宣長の「相並」ぶ神の働きとは異なっている。神皇産霊神の「内事」は宣長の「相並」ぶ論と違って、女神としての役割を含意しているのである。だから、神皇産霊神のことを『古事記』では、高皇産霊神には見られない「神産巣日御祖命」という表記が見られるのは、「御祖命とは、多く母を云例なれば、女神にて内事を掌賜ふこと疑なし」と篤胤は考えるのである。つまり、神産霊神は母親として生命・家族の維持や発展にかかわることをつかさどっているが、それが主たる「内事」であろう。また、篤胤によれば「貞観儀式立皇后儀の宣詞」に、天下の政治は天皇が単独でなすものではなく、必ず「斯理倍乃政」＝「閫中の政」を皇后が行なってこれを支えると書いてあるのは、「産霊大御神のなし始め、伝へ坐る道」といい、「高皇産霊神は、表に立坐て、外事を掌たまひ、神皇産霊命は裡に立坐て、内事を掌たまふ趣なる」（I・一〇五頁）からだというのである。ここにみられる篤胤の高皇産霊神が「表」で神皇産霊神が「裡」という表現は、宣長の「天照大御神は表にして、高御産巣日神は裏なるが如」（X・四四頁）しとして、両者を「相並」ぶ神として天孫降臨を正当化したことを思い起こさせるが、しかし宣長と篤胤では事柄が成就する原理が異なっている。篤胤は男女の神の結合によって大切な物事が成る例証として、岐美の協力によって国生み・神生みの「大事」が成り、大国主神が須世理毘売（スセリビメ）命と一緒になって「大造之績」を成し、また天忍穂耳（アメノオシホミミ）命が玉依毘売（タマヨリビメ）命と結婚して邇々芸命を生むことなどを挙げている。これら男女の神々が、高皇産霊神と神皇産霊神の役割分担の延長上に置かれていることはいうまでもなかろう。

宣長は「表裏」論や「相並」ぶ論を駆使しながら、神々による「天下をしろしめす道」を描いたが、篤胤は宣長の注釈学的な方法に触発されながら、それと違う首尾一貫した方法論に到達した。一般的な男女の生き方を、そのまま両産霊神の創造的な働きに繋げるような視点は、篤胤が初めて持ち込んだものである。宇宙生成の時にも、早くも人間の身近な生き方を導入したといえよう。

さて、産霊神の次に「一物」が生まれ、続いて「始成」である宇麻志阿斯訶備比古遅神・天之底立神が誕生し、「神世七代」の神々が成ったと篤胤はいう。「一物」は『日本書紀』の本文から採用し、「此物は何物ぞと云ふに、是即ち天日、大地、月豫美の三に成べき物」（I・一一八頁）とする。『古事記伝』に収録された服部中庸の『三大考』を継承しながら、宇宙の生成を考えていくのである。つまり、この「一物」が成り上がった物が「天日」となり、また逆に垂れ下がったものが「黄泉」＝「根底国」と成り、さらに皇美麻命の天孫降臨後にその「根底国」が「大地」から切り離れて現在みられる「月」になったとする。そして、阿斯訶備比古遅（アシカビヒコヂ）神・天之底立神は「天日」、国之底立神・豊雲野神は「根底国」に生まれ、前者二神は「別天神」と称し、後者はそれに准えて「別豫母都神」に称したと想定されている。これは、「初発」のことを述べない記紀の「黄泉国」を、国之底立神・豊雲野神の出現に託して記したのだという。天之底立神・国之底立神の「底」とは、「上にまれ下にまれ、横にまれ至り極まる処」、つまり「天」と「国」との垂直的宇宙軸の両端を示すものとする。それによって、大地の下にあって「汚穢国」とされている黄泉は、宣長がいうように単に穢れた国ではなく、「大地を養へる」積極的な意味＝「幽き理」（I・一三六頁）を有しているのである。

そして、この「一物」は成り出る時はとても小さくただ「混沌」としていたが、長い年月を経過して「終に会元易元などとも、名くべき形状」（I・一一九頁）に成ったという。篤胤はこのことを女の身に人間の子が胎内で成長し月が満ちて誕生する有様から推測しているが、それは同時に、天之御中神から高皇産霊神と神皇産霊神という男女の産霊神が成り出でたことと同じことだと説いている。要するに、篤胤の天地創造の原理は、宣長のような産霊神による一元論ではなく、男女一対の両産霊神による二元論なのである。それとともに、神話的宇宙の三層構造は、宇宙が始原の時に出来上がったと捉える。篤胤は、こうして宇宙の生成の原理を確定し、空間を策定したうえで、『古史伝』第一巻を終えているのである。

なお、記紀神話の始原の時は、篤胤によれば、たとえばエジプトの創造神話において無始より出現した「祁邇夫といふ大神」（I・一一九頁）が口から「一卵」を吐き出し、それがやがて「天地日月星辰人物」になったのも、「一物」から「天地日月」が出来たことと共通している、と指摘している。この指摘のみから、篤胤は「外国々の伝説さへに、一に符へる以て、吾考へ、大かた違ひ有まじくこそ、抑々康則、いとも拙劣き身には有れど、師翁の御蔭に因りて、神の道の片鱗をも、かつがつ窺知たる儘に」と「委き考にて、然る説と聞ゆるなり」（I・一八五―一八六頁）の考えを積極的に述べていこうといっている。篤胤は、宣長の「神の道」を注釈することによって、自ら経験したことを踏まえて、より広範に世界を拡大・普遍化して、解釈していくことになる。

三　岐美の国生み・神生み

篤胤は、『古史伝』二之巻を「次国地稚在之時」になった「神世七代」の五代十神の対偶神から始める。「国地」は、先に述べたように「一物」から「天は萌上り、根国は垂下りし其跡に残れる物を云。それ後に締り固まりて、即此大地と成れる」（I・一三七頁）という。すなわち、「天」と「根国」が生成された後に、三つ目の「大地」が生成される。その際、篤胤はこの人間が住む「大地」の生成を、ここで記紀の「神世七代」を二分してまでその差異の重要性を示そうとするのである。「天」および「根国」に成ったのが男神（独神）であるのに対して、「大地」に成ったのが五対十神の「男女倶坐(タクヒ)ること、深き由ある事」（Ⅰ・一四五頁）と述べる。そのうえで、伊邪那岐・伊邪那美の「御身の、漸々に成坐る状を以て、次々に御名を負せ奉れるを、終に五代とは語り継たる」ので、最後に天神が国土「修固(ツクリカタメ)」なせと二神に命じたのであるという。つまり、五対十神は伊邪那岐・伊邪那美二神のことで、ようやく岐美二神が人間の住むべき「大地」を生成する段階に入る。具体的な活動をする男女二神が、生成の原理を行使する場面に入ったのである。

篤胤は、岐美神話を語るのに『古事記』『日本書紀』よりも『鎮火祭(ほしづめのまつり)祝詞』を重要な典拠としている。というのは、記紀の神話はいくつもの重要な神代の事跡が喪失しているのに対して、『鎮火祭祝詞』は天孫の降臨に際して、「神呂岐(カムロギ)・神呂美(カムロミ)」（高皇産霊神・神皇産霊神）という両産霊神が天地創出以来のみずからがかかわった出来事を語った「天つ詞の太詞事」そのものであり、最も信頼できる古伝説を伝えていると考えるからである。このことを前提にして、篤胤は『鎮火祭祝詞』に基づいて、記紀には漏れた岐美神話を包括的に語っているのである。

『鎮火祭祝詞』が信頼できる根拠を詳しく述べると、まず第一に、岐美は大八島国を生んだ後に「八百万之神等」＝「青人草」を生んだとしている。篤胤によれば、記紀に「青人草」が何度も登場するにもかかわらず、肝心のその誕生について何も記されていないことは驚きであった。人間の死後の世界に強い関心をもつ篤胤は、その始まりである人間の誕生を問題にしないではいられない。それなのに、世の学者はそのことに気づかないのは本当に「疎なり」といって慨嘆する。宣長は、

「天地初発時」に既に「人物(ヒト)」(Ⅸ・一五一頁)は誕生していたと考えていたのであるが、神と人を連続視する彼は、そのことをあえて問題にしようとはしない。宣長からすれば、天地の始まりを含む古伝説が語り継がれてきたのであるから、その主体である人間(神)が存在するのは自明なことであり、古伝説が語らない以上、人間の起源を詮索することは無用であったろう。

そこで篤胤は、記紀神話に「その始を云へる伝の見ざる、たまたまに漏たるなり」と考え、この『鎮火祭祝詞』の「八百万の神等」を強引に「青人草の始めの祖神」(Ⅰ・二二〇頁)と解釈する。なぜなら、「人草」を「八百万之神」と呼ぶのは「神代の人は、人といへども、猶その量々(ホド)に、神なる事をもちて、神なりしかば、大らかに加微(カミ)とは語り伝へしなるべし」と、神代の人は人代の人間と異なって神性を帯びているから、大きくいって神だと「宣長流」の言い訳を述べるのである。しかし、それでも宣長と違って「人草」は神でなく、あくまで人間だと説いている。篤胤にとって、天神が国土を「修固(ツクリカタメ)」せよと命じた「要(ムネ)とは、人種(ヒトクサ)を生成(ウミナ)せとの、御語(ミコト)にぞ有(リ)ける」(『玉襷』、Ⅵ・六―七頁)ことであり、国土を生成するのに、肝心の人間を生み住まわすことがなかったら、何の役にも立たないであろうという。現在の記紀研究においては、神から人への連続は日本神話の特質の一つだとされているが、篤胤にとっては、神と人との区別を明確にして、「人と神との差別の自然に有て、神は尊く人は卑き物」(Ⅰ・二二一頁)とする神学を説く必要性があったのである。

はるか元始に「先聖」が語った伝承によって「神を生み人を立てし世」を知ることができると記

す『古事記』序は、岐美が神とともに「青人草」を生んだという有力な証拠とみなされる（『古史徴』、V・六八頁）。また、先に述べたように、須佐之男命の時代を『古今和歌集』序が「人ノ世」と記したことを「最上代の意の残れる伝」と彼が高く評価するのも、岐美によって人間はもたらされたのであるから、同じく岐美が生んだ須佐之男命を「人ノ世」と呼ぶのは、人間誕生の時期を暗示する貴重な古伝ということになろう。

第二に、『鎮火祭祝詞』のなかには、伊邪那美命が火産霊神を産んで「石隠（イハカクレ）」した際、「上津国（ウハツクニ）」（現世）において「心悪しき子」（火産霊神）が荒ぶるときは「水神・匏（ひさご）・川菜・埴山姫、四種の物」をもって鎮めよ、ということが述べられている。これを、篤胤は伊邪那美命が火を鎮めるという「鎮火祭」の意味を超えて、岐美らの万物の生成の話に拡大し、火神・水神・土神（埴山姫）に記紀から風神・金神を加えて五柱の神とし、岐美の「御神徳」、その本には両産霊神の「神霊」に基づいて、五柱の神が複雑に交錯することによって世界の事物が生まれると主張する。こうして、国土と青人草が誕生し、伊邪那美命が豫美都国（黄泉国）に往く前に五柱の神が整い、人間が現世で生活する糧が揃ったのである。篤胤によれば、「西の極なる国々の人ども」の「万ノ物の有る理」たる「風火水土の理」の「四元」、漢人の「五行」などと名づけられているものは、実はこれら外国では「古ヘの正しき伝説の無ければ、……其ノ物を捕へて、理をのみ云める」（I・二四七頁）ものであり、日本の「古伝説」と外国の「理」と違いはあっても、「本は一説」（I・二五〇頁）と結論する。

さらに、篤胤は、岐美両命が国土と青人草を生み、続いて風火金水土の五柱の神を生んだが、その火神土神の子である稚産霊神（ワクムスビ）の子として、後に天照大御神が重く祭ることになる、食物の神である豊宇気毘売神（トヨウケビメ）が生まれたことに「言ひも得がたき、妙なる理」（Ｉ・二六三頁）を見出している。そこに、両産霊神から国生みを命じられた岐美が、青人草の食べる食物の神として豊宇気毘売神を産んだ重い意味を推し量っているのである。

第三に、篤胤の『古史伝』には、伊邪那美命が火産霊神を産んで「石隠」した際、伊邪那岐命に「見るな」のタブーを与えたことの顚末が二度出てくるが、最初は『鎮火祭祝詞』の引用、次が記紀の引用である。両者にはどんな違いがあるのだろうか。

『鎮火祭祝詞』では、タブーが破られた伊邪那美命は、見るなといったのに「見あはたしたまひつ」といって、伊邪那岐命には「上津国（ウハツクニ）」を治めよ、「吾」は「下津国（シモツクニ）」を治めるといって、地下にある「よみつ枚坂（ヒラサカ）」へ向かい、先に述べた「四種の物」で火産霊神を鎮めよと述べたことになっている。「見あはたしたまひつ」は意味不明ではあるが、恐らく辱めを受けたという類のことばであろうといわれている。つまり、伊邪那美命は「上津国」に火神を産み残してきたが、「人草を大切に愛しみ、火の災事あらせじ」（Ｉ・二三九頁）との配慮のもとに、第一声の「御恨の御言を終（トヂメ）たり」（Ｉ・二三七頁）というのである。タブーを犯されたことへの「限りなき御恨の御心」を前提としながらも、伊邪那美命の青人草に対する深い愛情を前面に出して「下津国」へいく。

次に、記紀では、伊邪那岐命が「下津国」＝夜見国で再度「見るな」のタブーを犯す。これは最初のタブーの時は「たゞ恨み坐る趣なる」を、今度は「御怒りの御心の、御言の上に著明（イチシル）く見えて、いと畏くなむ」（I・二九七頁）と、「慇懃（ネモゴロ）なる御心の余りに、かへりて御怒を発し給へる」状態となったという。この段階的なタブーの犯し、さらに最終段階での、伊邪那美命が一日千人殺すといったのに対し、伊邪那岐命は一日千五百人生むと応えることに、岐美神話の重要な役割がある。「草の弥益々に生成、はびこるに譬たる」「青人草」は、「神の、人の利益（クボサ）を為給（ナシ）ふことゝ、人の損害（ソコナヒ）を為給ふことゝにのみ、必用（ツカ）ふ称（ナ）なり」（I・三〇四―三〇五頁）というように、人間に対する愛憎の両義的な意味を有し、伊邪那岐命の「生」を、伊邪那美命の「死」を司るという分任する構造が生まれるのである。先に見た高皇産霊神と神皇産霊神の分任が、男女の性別による主に「外事（ツ）」と「内（ツ）事」といういわば職掌の違いであったのに対して、岐美両命による人間の誕生に伴って、その生死をそれぞれ管轄する段階へと突き進んでいくのである。

その際、篤胤は、伊邪那美命は、宣長のように火神に焼かれて死んで「黄泉」へいくのではなく、生きて「現身」のまま「夜見」にいったと主張する。篤胤によれば、伊邪那美命の「神避」という用語を、人が死んでいく場所である漢籍の「黄泉」の字に当てることからこうした誤解が生まれたのだという（I・二六七―二六九頁）。伊邪那美命は人間に「死」をもたらすけれども、死者が「夜見」にいくことを決めたわけではない。

なお、篤胤はある人の問いに答える形で、同じ「人草」＝人間である外国人はどのように誕生し、それは日本人とどう関係しているのかを述べている。つまり、「漢国の古伝」では女媧氏が黄土で人間を作り、また「西の極なる国」では天神が土の塊で人間（アダムとイヴ）を作ったという伝説に依拠して、外国人は土で作られたのではないかと考え、これは「我が古伝の訛り」（Ⅰ・二二三頁）であろうと推測している。篤胤が外国人の始めは「土」から作られたのではないかと想像したのは、記紀神話でも、岐美の身体を構成する五代の対偶神のうち最初の宇比地邇神と須比地邇神という泥と砂を神格化した神が登場するからであろう。それで、わざわざ「追つぎの考」を設けて、岐美でさえ産霊神が「泥土」で作った神である以上、その岐美が同じように人間を土によって作ったとしても当然であろうという下総の門人・高岡康則の考えを肯定的に紹介しているのである（Ⅰ・一八五―一八六頁）。

四　天照大御神と須佐之男命

伊邪那岐命は現世に帰り、禍津日神・直毘神・伊豆能売神・佐須良比売神および天照大御神・須佐之男命を禊祓で産んだが、これらの神たちは伊邪那美命を母とすることが述べられる。いわば、天神が命じた岐美二神の最後の神生みである。

篤胤は、天照大御神・須佐之男命を中心に据えながら、他の四神を論理的に配置する。まず、宣長の禍津日神＝悪神説を否定して、善神説を打ち出す。禍津日神が「伊邪那岐大神の、穢はしき事を悪み給ふ御霊に依て、生坐る神に坐すが故に、いたく汚穢（キタナキ）ことを悪給（ミ）ふ」（Ⅰ・四四〇頁）神で、本来は善神であるが汚いことをひどく憎んで、汚いことがあると怒り狂って結果的に禍をもたらしてしまう。だから、汚穢がなくなって清まれば、当然その荒びは消失する。つまり、篤胤は穢れを憎む禍津日神が荒れたときに禍をもたらすと考えるのである。この禍事を直すために生まれたのが直毘神で、それは伊邪那美命が火神の荒びを鎮めるために、水神と土神を産んだのと同じであるとみなしている。そして、続いて生まれる伊豆能売神は直毘神と同様に穢れを除いて清くする神、また佐須良比売神はその穢れを根国に持ち去ってなくす神とみなされる。

このように、禍津日神と直毘神との関係は善悪の対立ではなく、どのような状況の時に禍がもたらされ、また逆にそれが取り除かれるかという問題として論じているのである。このことは天照大御神と須佐之男命との関係にもいえる。篤胤は、対立しているかにみえる両神の関係を、「荒魂」「和魂」概念を天照大御神ばかりでなく、須佐之男命にも適用させて、続いてそれを禍津日神と直日（毘）神とに関係させて自説を展開している。つまり、「禍津日神、直毘神は、かく天照大御神の荒魂、和魂とのみ伝つれど、実は速須佐之男命の荒魂和魂にも坐ましけり」（Ⅰ・三四八頁）というように、天照大御神の荒魂が禍津日神で、その和魂は直日（毘）神であるという中世神道以来いわれている関係は、同時に須佐之男命の荒魂・和魂でもあると主張し、両神の相互依存性を読み取っている。その場合、荒魂である禍津日神は主に須佐之男命に属し、和魂である直毘神は主に天照大御神に属していることを認めているが、しかし、どちらも須佐之男命と天照大御神の荒魂・和魂であるがゆえに「互（カタミ）に其御魂の通（カヨ）ひ属たまふ事」（Ⅰ・三四八―三四九頁）によって、さまざまな事柄が成就すると考えるのである。須佐之男命と天照大御神の精神の交流を通して、新たな好ましい状況が生まれてくることは、次に述べる篤胤の「二柱貴子」説のところでも触れられている。

　さて、ここで注目すべきは、篤胤が記紀の「三貴子」説（天照大御神・月読命・須佐之男命）とは違って、右目から生まれた月読命を省いて、左目を洗った時に天照大御神、右目を洗った時に須佐之男命が生まれたという「二柱貴子」説（Ⅰ・三六二頁）を採っていることの意味である。天照大御神は伊邪那岐命の禊祓で清まった際に生まれ、国土より天日を仰ぎみるときに生じた名前である。これに対して須佐之男命の名前の由来はもっと複雑である。なぜなら、「大地の根底に成れる夜見国なるを、須佐之男命の知看して、後に地と断離て、今現に、見るが如くなれしかば、須佐之男命は、即月夜見命と申す御名を負（オヒ）坐るなり」（Ⅰ・三四四頁）というように、須佐之男命が月夜見命とも称されるようになるのは、大地の底にあった「夜見国」が地球から分離して月になり、そこを支配するようになって生じた名前だからである。要するに、篤胤は、記紀で「三貴子」の誕生と記されたことを否定して、服部中庸と同様に月夜見命と須佐之男命の同一神説を主張するのであるが、問題はそこに至る過程の解釈である。よく知られている天照大御神と須佐之男命の両神が対立する物語のなかに、それを見出していかなければならない。

伊邪那岐命は「二柱貴子」を生むと、天照大御神に対しては「霊異之子(クシビナルミコ)」なので「御頸珠之玉緒(ミクビタマノタマノヲ)」を与え「高天原」＝「天」を支配せよと命ずる。また、須佐之男命に対しては日神に次ぐ神なので「青海原」＝「地」を支配せよと命じた。ところが、周知のように須佐之男命は国土を支配することを拒否して、母である伊邪那美命が火神を産んで去った夜見国へといきたいと思い、その前に高天原にいる天照大御神に別れの挨拶をしようとして天上にいく。それで、高天原を奪いにきたのではないかと警戒した天照大御神は、武装して天安河(アメノヤスノカハ)で対峙する。有名な誓約(ウケヒ)の場面である。須佐之男命が自らの心の清さを証明してこれに勝ったところで、『古史伝』の「神代上」は終わっている。

「神代中」は、舞台が葦原中国、つまり人間世界と深くかかわっていくことへと移っていく。それは天照大御神が、葦原中国にいると聞く「宇気母智神(ウケモチノ)」＝豊宇気比売神に会うように、須佐之男命に命じる話で始まっている。天照大御神の命に従って天降りした須佐之男命が、宇気母智神に食物を乞うと、「鼻口尻」から出し饗応した。それに立腹した須佐之男命が宇気母智神を剣で殺し、そのことを天照大御神に復命したところ、天照大御神は須佐之男命を「悪神」と怒り「一日一夜隔離(ヘダチサカリ)」となった。その後、天照大御神は天熊之大人(アメクマノウシ)を遣わして宇気母智神を見ると、死体に粟・

蚕・桑・稗・稲・麦・大豆・小豆・牛馬が生じていたので、喜んでこれを「宇都志柷青人草（ウツシキアオヒトクサ）」の食物とした。

このように篤胤は、須佐之男命の荒ぶる行為は、禍津日神が汚穢を憎んでしたことと同じで、宇気母智神の行為がその「神徳」とは知らずに、ただ怒りにまかせて撃ち殺してしまったのだと理解する。その結果として、種々の穀物が生まれたのだから、突き詰めればすべてこれは須佐之男命の「荒御魂の徳用（ハタラキ）」なのであって、ここに、先に指摘した天照大御神と須佐之男命の「其御魂の通ひ属たまふ事」から良き事柄が生じてくる重要な事例を見出しているのである。

この「五穀の起源」に類する挿話は、『古事記』では、天照大御神に代わって神産巣日御祖神、宇気母智神が大気都比売（オオゲツ）となっており、また『日本書紀』の一書では、天照大御神が月夜見命に保食神（ウケモチノカミ）（宇気母智神）と会うように命じたと記されている。篤胤は、この後者の月夜見命を須佐之男命のことと解釈して、「五穀の起源」の話を誓約の後にもってきた。こうして、須佐之男命が月夜見命と同一の神であるという自説の主張を補強しているのである。

さて、誓約に勝った須佐之男命が高天原で犯した数々の暴行に耐えられなくなった天照大御神は、「天石窟」に隠れたために、世界中が「常夜行」状態になり、「万物之妖（ワザハヒ）」が起こった。それで、八百万の神たちが天安河原に集まって相談し、思兼神（オモヒカネノカミ）の策略によってようやく天照大御神を「天石窟」から引き出すことに成功する。そして、祓いを負わせて根国へ追放されることになった須佐之男命は、子の五十猛神(イソタケル)を率いて「天壁立極(アメノカベタツキハミ)」（Ⅱ・二一一頁）を巡って新羅国に降る。

ここで、篤胤がわざわざ『古史成文』の六十五に「天壁立極」という語句を挿入しているのは、須佐之男神が新羅国へいく前に、世界の隅から隅まで巡っていたことを強調したいためであろう。その際、なぜ須佐之男命が世界中を巡ったかといえば、自分が伊邪那岐神に「海原」＝大地を統治せよと命ぜられたことを思い出して、「天下は、後に吾が児に知らせ給はむと定給へる物から、蕃国々(カラクニグニ)いかに成れるか、まづ尽(コトゴト)くに見置給はむ」（Ⅱ・二一二頁）と思ったからである、と推測する。そしてさらに、新羅国をへて出雲国に帰ると須佐之男神は、後に外国を征服するための「船材(フナギ)」と「瑞宮(ミツマキ)の材(キ)」などを生み、大蛇を斬って「神剣」を得て、「御子神たちの国営(クニツク)り給ふを見立まし」（Ⅱ・三一六頁）たと述べている。このように、篤胤は須佐之男神が自分の子供に外国の事情を知らせるために世界中を巡っただけでなく、わが国に帰ってからは、外国の支配を視野に入れつつ、日本の経営に意を尽くしたと主張するのである。宣長がいう如く外国を経営する始めは少名毘古那神であるが、「事物の渡参来たることは、此神〔少名毘古那神〕の掌給ふに非ず。須佐之男大神の荒魂、五十猛神……の事と掌給ふこと」（Ⅱ・四一四頁）で、さらに少名毘古那神の去った後にも、大国主神の和魂大物主神はじめ大国主神の子等も外国と往来したとされると捉える。

それは、宣長が『宇比山踏』に「道の学問」は「天照大御神の道にして、天皇の天下をしろしめす道、四海万国にゆきわたりたる、まことの道」（Ⅰ・五頁）と記す通りに、弟子＝篤胤の辿った注釈学的学問の道の一端であった。

五　大国主神と幽冥界

篤胤学にとって、『古史伝』十七巻から始まる大国主神が登場する場面は、最も独自性の強い性格を発揮するところであったろう。彼の救済論的な神学の中心をなす大国主神が、注釈学的方法をとる『古史伝』にどのように描かれているか、それをみていきたい。

須佐之男命が伊邪那美命がいる根国へ往って後、地上の葦原中国の支配者は子孫の大国主神となる。その前に、大名牟遲神（オオナムヂ）（大国主神）は八十神の庶兄弟による数々の苦難を逃れ根国へいき、須佐之男命の試練を受け、還って少名牟遲神（少名毘古那神）と大物主神と国造りをする。この「古史」にどのような意味を見出していくのであろうか。

まず初めに、篤胤は、この物語で、大国主神が兎・鼠・蛙などの動物と「言語（コトドヒ）」をすることに注目している。「神世」において鳥獣万物が話すのを不審がるのは「幽顕の理を熟悟（ヨク）り得ざる故」（Ⅱ・三二六頁）だと記している。つまり、後に（伝二十三巻）記す「幽顕の差別（ケヂメ）」のない時点、すなわち天孫が降臨して大国主神が「幽世」に去る以前までは、「幽顕」がまだ分離していなかったので、現在のように鳥獣が「言語」を話すのを「疑ふ事」がなかったというのである。彼の「幽顕の差別」を明晰にして神代物語を説く姿勢に、宣長が「幽冥事」にはっきり意味づけをしなかった「後釈」たらんとする立場をみてとれる。

それとともに「幽顕の差別」が決まった後にも、今の世のなかでも「幽冥」に属する鳥獣などが「神に言語（コトド）ふこと疑ひなし」であり、それゆえ鳥獣を「神の使者」とするのは謂われのないことではないと考える。他に、鳥獣万物は人の夢に入ったり、人の形になったりして、「言語ふこと」が多いという。確かに「奇異なる事」ではあるが、「幽には定めある事」であるから「凡人」には「其理」を探策することはできない、と篤胤はいう。彼にとって、「言語」でコミュニケーションすることが、「幽顕の差別」をはっきりさせるという役割とともに「幽顕の理」を深める手懸りとなっていくことになる。[5]

次に挙げられるのは、大名牟遲神が根国で数々の試練をへて須勢理比売を連れて逃げ去ろうとしたとき、須佐之男命に「大国主神」と「宇都志国玉（ウツシクニタマ）神（顕国霊神）」と名乗るよう命じられたことに、篤胤が着目していることである。彼は、宣長の「師説はいまだ精（クハシ）からず」として、須佐之男命の言葉について次のように補足する。

宇都志国は、皇美麻命に避奉りて、幽冥事を治看す事と成ぬるは、既く此に、須佐之男大神の御詔に、定給へる事にざりける。故後に、天照大御神産霊大神の勅命として、経津主（フツヌシ）神、武甕槌神(タケミカヅチ)の降りて問せる時に、我を云々して治め賜はゞ、吾は隠りて侍はむとは白給へるなり。
（Ⅱ・三五五頁）

つまり、大国主神が「幽冥事(カクリゴト)」を治めることは、須佐之男命の「御詔」で決まっており、「隠りて侍はむ」ことが「幽冥事」を治めることと同義であるという。この読みすごしやすい文章に「精(クハシ)からす」と宣長に対する篤胤のメッセージが籠められている。つまり、次に述べるように、この段と大国主神の国避へと続く「幽冥事」にかかわることがつながっている。

前者（大名牟遲神）が葦原中国を作り終えた時の名であるのに対して、後者（大国主神）は皇美麻命にその統治を譲って「幽世(カクリヨ)」に去って、「幽冥事」を統治した時の名だと理解する。つまり、大国主神が皇美麻命に葦原中国の支配を素直に譲ったのは、天照大御神から命じられたためだけではなく、それ以前に須佐之男命にいわれた二つの神名のことを想起して、「幽事所知看(カクリゴトシロシメス)べき義(コトワリ)」（Ⅲ・一〇七頁）を悟ったと考えたからである。そして、天神や国神が国土で祭られる場合や人が死んで「幽世」にいった魂を主宰する神がこれまで居なかったので、このとき産霊神が大国主神に「幽冥事の大権(オホコト)」（Ⅲ・一六〇頁）を執って統治せよと命じた、というのである。

篤胤は、宣長の「幽冥事」では「造化の神の神事と隔なく、混はしくて委しからず」（同前）と批判する。なぜなら、すでに天地も定まり万物が生成され、自然を司る神々も誕生している時に、産巣日神が改めて「造化の道」を治めることを大国主神に命ずるはずがないと考えるからである。そこで、大国主神が与えられたのは「幽冥事の大権」であって、いまだ定められていなかった「此の世を過て、幽世に帰たらむ魂等を……主宰治むる大神」となったと解釈すべきだと主張する。その結果、人間の生の世界を統治する皇美麻命と死（霊）の世界を統治する大国主神という分任が確定されることになる。伊邪那美神の「神避」と人間の死を切り離し、黄泉国と「幽世」とを切り離し、「造化」と「幽冥事」とを切り離して、篤胤は、独自な神人関係を構築していくのである。

「汚穢き質」の「黄泉国」像から解き放たれた「幽世」は、死後の世界として浄化されていくことになる。篤胤の顕幽分任論は、人間の「顕世」（生前）と「幽世」（死後）とを天皇と大国主神とが分けて統治することを意味しているが、天皇がどのように聡明で優れていようとも「現世人」である以上、「顕」ならぬことを知ることはできないと説く。つまり、人間の知られざる悪行・悪心や逆に知られざる善行・善心に対する適切な賞罰を天皇は与えることができない、と彼は考える。それに対して、大国主神はそれを見通して「現世（ウツシヨ）の報をも賜ひ、幽冥に入たる霊神（タマ）、善悪を糺判（タダシワカ）」（Ⅲ・一七二頁）つことができるという。こうした幽冥観からすれば、「妖神邪鬼」の類がなす悪業も「人に実の徳行を、磨き成さしむる方に益」があることになるし、善人が苦しんでいても救わないのは「殃難（ワザハヒ）に遭（ア）へども、猶（ナオ）其志を変（カヘ）ざるや不（イナヤ）を験（ココロ）み、かつ其過（アヤマチ）をも罰（キタ）め給ふ」（Ⅲ・一七四頁）ためであることになる。兄弟らから多くの苦難を課され、また須佐之男神は憎からぬ大国主神に死の危険さえある試練を与えた。大国主神はそうした自らの受難が「吾が徳業を励(ハゲマ)さむと、験(ココロ)み給へる御態」であることを悟り、それに基づいて幽冥大神としての役割を果たすのである。要するに、大国主神が幽冥大神となった所以は、国造りの功とともに、「真の福」を得るための受難の意義を身をもって体験した神だからなのである。こうして篤胤の「幽冥」論は、結局のところ「此世は、吾人の善悪きを試み定め賜はむ為に、しばらく生しめ給へる寓世(カリノヨ)にて、幽世(カクリヨ)ぞ吾人の本(ツ)世」（Ⅲ・一七七頁）ということになるのである。「現世＝寓世」「幽世＝本世」という観念は、現世がたかだか数十年でしかないのに比べて「幽世」は「無窮」に続くのであるから、当然の帰結であろう。それは、「此は信に、外国籍に謂ふ如くにぞ有ける」（Ⅲ・一七八頁）という如くに、キリスト教にいう来世主義に通ずるものをもっていたのである。彼が、世界宗教を視野においたこと、目指したことをも忘れてはならない。

そのことは篤胤が、大国主神の国造りのなかに外国をも取り込んだことにもかかわっていよう。それは少名毘古那神が、大国主神との国造りの後「常世国」＝外国に渡ったことに由来する。

宣長は、神話冒頭の天之常立神と国之常立神を「常(トコ)」＝「底(ソコ)」としたように、「常世国(トコヨノクニ)」について「底依国(ソコヨリグニ)」＝「ただ絶遠(ハルケ)き国」＝「外国」とすることを表明した（Ⅹ・八―一〇頁）。「常世国」のもつ多層性、死者の世界や不老長寿の豊潤な世界の他界性・幻想性・聖性をすべて後世的なこととし、「漢心」に無縁な上代では皇国以外の国＝外国の意味しかないと結論づけるのである。その見解に、篤胤は全面的に賛同している。そして、この特異な、いや奇妙な見解に基づき篤胤はさらに自説を発展させていく。そうした流れは大国隆正が「本居・平田の説は、ここまでゆきとどかず。日本国の人を諭すには、あれにてもよかるべけれど、外国人を諭すには、ことたらず[6]」と実証するように、ペリー来航以後は物足りないと捉えられたが、当時においては、国学者たちが世界全体を語るものとして『古事記』を読むことに目を向けさせる意味をもった。宣長の継承者、篤胤は「師説の如く」延長線上にあるが、「但し」として自己の発展的な見解を述べていく（Ⅱ・四一四頁）。篤胤と宣長との位置関係は、「師説は精からず」「師説とは異なり」という表現にみられる如く、宣長が真淵の学問を引き継いだと表明したように、宣長に会うことのなかった篤胤が、夢にみて師弟をむすんで門人となったことをみずから信じるほど、強いものであった[7]。宣長の「常世」理解は単に「漢心」批判ということではなく、視野を世界に拡大した結果生まれたのであり、宣長学の継承者を自認する平田篤胤は、宣長学を重く受け止めたのである。

宣長は、外国を経営したのは天より降った少名毘古那神のみであり、異なる名前で「訛(ナマ)りて伝へたる国」も雑多にあるが皇国の物学びする人は惑うことなかれ、という（Ⅹ・一〇―一一頁）。それに対して篤胤は、『出雲風土記』において大国主神の子「百八十一神」のうち十五柱を「珍子(ウツノミコ)」として「天下四方国人等に、恩頼(ミタマフユ)を豪(ミナカカフ)ら令(シメタマイ)き」に基づき、大国主神は「現事(ウツシゴト)を皇美麻命に避(サリ)奉りて、杵築宮(キツキノ)に長(トコシヘ)に静坐(シヅマリ)」して、後に少名毘古那神の渡った常世国に「其ノ御霊を分遣(ワカチツカハ)し給へり。其は共々に、外国々を造固給はむとなるべし」（Ⅲ・三二頁）と、両神が外国経営の中心となる。それには『日本書紀』一書の少名毘古那神が大国主神へ国造りを「或は成せる所も有り。或は成らざるところも有り」といったことに対して、篤胤はこれまで古来の注釈者が説いたことのない新たな意味を付与して、「所レ成処とは、此大御国を詔ひ、不レ成処とは、諸外国々を詔へり」（Ⅱ・四一〇頁）という。つまり、少名毘古那神は「大御国」に渡り来て国造りをして始めて、以前に独りで外国を経営したことに不十分なことが解ったというのである。それゆえに、以後大国主神と共同で外国を治めるべきことが言及されることになる。

篤胤は、大国主神の役割と意義とを、宣長の提示した「幽冥論」や「常世論」を進めていくなかで、独自な明晰で大胆な論を展開したのである。そこには、「注釈学」者にはできない「解釈学」者がもつ〈強みと弱み〉が看て取れる。

おわりに――「古道大元顕幽分属図」

篤胤は、冒頭に述べたように、文化八年（一八一一）に『古史成文』三巻、『古史徴』『霊能真柱』の草稿を書き上げたが、それ以降『古史伝』に取り掛かり、文政元年（一八一八）二十巻を脱稿し、翌年『古史徴開題記』を書き上げた。「古史」の文献を確定した『古史成文』、その出所を徴した

『古史徴』、それを注釈した『古史伝』という三部が成り、宣長の「継承者」として独自の篤胤学が成立していったのである。[8] それに続いて、翌年文政三年（一八二〇）四十四歳のときに、神典を簡略に図式化した「古道大元顯幽分属図」（『古道大元顯幽分属図説』、Ⅷ・七五頁）を書いてただちに出版していることは、篤胤学にとって大きな意味をもっていよう（図参照）。

それは、最上部に天之御中主神を中心に置き、神話の展開に沿って左右対称に「顕幽」神々を配置し、一番下に小さく円で「人草万物」を含む「国地」を描いている。左右対称に書かれている

「顕幽」の中心は、高皇産霊神から伊邪那岐命・天照大御神・皇美麻命の右側の縦の「顕」と、神皇産霊神から伊邪那美命・須佐之男神・大国主命の左側の縦の「幽」であり、最後の皇美麻命と大国主命のそばに「顕明事」と「幽冥事」が記されている。さらに、岐美二神に並んで中央に金神・風神・水神および火神・土神から稚産霊神へ流れる線の最後に豊受大神（豊宇気昆売神）がなり、右側に皇美麻命と左側に大国主命と並んで「国地」の上に位置している。そして、天照大御神の両側には和魂大直日（昆）神と伊豆能売神、須佐之男神の両側には荒魂枉津日神と佐須良姫神が並び、右側に「日」と左側に「月」が書かれている。「古道大元顕幽分属図」の説明の文字はこれがすべてであるが、それに加えて、天之御中主神を中心に置きながら、そこを出発点とする左右対称の神々をすべて複数の実線で結び、これを交差させている。

周知のように、現代において本居宣長の『古事記』など神典図は、造化三神から始まり、左右対称に伊邪那岐命と伊邪那那美命が「国地」の「人草万物」を産んだ「神世」の第一段階、天照大御神と須佐之男命が葛藤する「神世」の第二段階、そして皇美麻神と大国主命が「顕幽」の世界を分任する「神世」の第三段階へと、「人世」の人間の生き方に具体化させて、それを図示している。しかし、篤胤の、「古史」の神々からエッセンスを抜き出し、「神世」の進展、すなわち宇宙万物の生成から人間の生活までを簡潔に記した「古道大元顕幽分属図」のような図は、これが初めてであろう。この整然とした篤胤の古道論の図は、どんな意味と特徴があるのだろうか。

まず、最下位の円の「国地」が、服部中庸の『三大考』や自らの『霊能真柱』での「皇国」「外国」に代わって用いられている。宇宙生成論を描くなかで、地球規模の「人草万物」は「皇国」「外国」の区別を必要とせず、「国地」とだけ記載すればよかったのであろう。十九世紀に入り宇宙生成的創世論を考えるうえで、日本中心主義者である国学者篤胤は「皇国」の方が先に出た言葉であったろうが、日本中心主義の視点を進めて普遍的な価値を求めていたのではなかろうか。それ以後、篤胤にとって諸外国の神話や古伝説への関心が重要になり、それらを『古史伝』に加筆し、その「精選」こそが終局の目的になったのである。[9] あくまで外国の「訛伝」を説く見解は日本中心主義から膨張主義への表れであるが、しかし「一貫（ヒトツラ）に見通」して世界の「古史」を目指すことは、洋の東西を問わず色濃く普遍化の特徴であったろう。

次に、「国地」の上の中心軸に、豊受大神が五行神から稚産霊神へ至る総括的位置にいることが特徴的である。しかも、皇美麻命（顕明事）と大国主命（幽冥事）との間の中央に描かれている。つまり、最高神である天之御中主神を別にすれば、豊受大神に集約する一連の神々は、「古道大元顕幽分属図」というタイトルからは、別格な存在であるように見える。「顕幽分属図」にはふつう書かれない豊受大神を、最終的に皇美麻命と大国主命とともに「人世」に直接かかわる神として記しているのである。これは、国土と人草が誕生した後に生活の糧が揃い食べ物の神である豊受大神が生まれたことで、「人世」の土台が出来たことを意味する。それは最終的に「顕幽」に分かれる以前に、岐美二神と天照大御神・須佐之男神の神々が相互に協力して成立したものだということであろう。言い換えれば、豊受大神のみならず相互に実線で結ばれた主要な神々は、小さな円で囲まれた「国地」の「人草万物」を支える存在であるといえる。

最後に「古道大元顕幽分属図」が重要なのは、現世に対して死後の世界をも、即ち生者のみならず死者をも含むことを語る意味をもたせた「図」であることである。宣長が曖昧にしていた「幽冥界」を、「造化の神事」と切り離して「死後」の世界として、天之御中主神を初めとする「造化」の神々とは違って、大国主神を「幽冥界」を任される神だと説いたのである。大国主神をここに登場させて世界の「生者のみが住まう祭祀的共同体を語る言語に対する批判的視座として再構成[10]」しているともいえる。

さて、この「古道大元顕幽分属図」は、篤胤として宇宙生成論的創世神話の図解の意味をもち、また「神話」を人々に広範に拡げるために書かれたものであろう。宣長には『古事記』を「神代の事跡」そのままに宇宙論的に図解した『天地図[11]』があるが、それを超える拡がりをもって、継承されていったといえる。それは篤胤が、「凡て神典古史を解ことは、文面のみを解かむは事にもあらず、まづ其顕事の、かゆきかく行く事の由来をよく解し得て、然して後に、その顕事のしか成行ける、幽事や如何ならむと、顕幽をつらぬき考ふるぞ、我が神史学の秘訣なりける」(『玉襷』、Ⅵ・三三三頁)と「神典古史」の歴史を「神史学の秘訣」と解釈学的に捉えているからであろう。つまり、宣長が「吉凶相根ざす理」[12]の両義性を捉えて「神話」を見たように、篤胤は「顕幽」を両義的に考えることをもって「神話」をみたといえよう。

宣長神学の『古事記』信仰では、十八世紀後半に皇統起源譚を構築するものと考えるとともに、宇宙の始めより国の歴史を述べて、人間の個々の生き方を表した書物として捉えた[13]が、篤胤は、さらにこれを一歩進めて、神々による人間創成の意図をみることによって、人間の死後の問題にまで解釈を拡げていったのである。十九世紀前半の激動の社会にあって、民衆とともに雑多な知識と現実の生活世界のなかに生きた篤胤は、宣長によって解放され社会的に権威づけられた記紀神話というテキストを、自らの思想展開の場として選び取り、文献学的方法によって、社会的影響力を拡大していった。だが、実際に篤胤がなしたことは、近世の現実社会からテクストの意味を解き明かしたことであり、篤胤がみたテキストの歴史的文脈は、宣長以上に古代ではなく近世の現実世界そのものであったといえよう。こうして、始源の時を記す記紀神話は、篤胤のみならず多くの国学者たちの想像力を刺激し、新しい意味を付与することになる。それは、いわば注釈学から解釈学への転換を意味していた。そのなかにあって篤胤は、「宣長神学」のコスモロジーを全体的かつ包括的に捉えた唯一の「継承者」であったと考えられたし、結果的には、いわば近代日本の「国民国家」形成の「神話」というべき「起源神話」を思想的に準備したことになろう。そしてさらには私たちが、現代社会の理論に対し、それを表現する一つの有効な方法として、「現代神話」を模索する手懸りを与えるものになるかもしれない。

＊『新修平田篤胤全集』（名著出版、一九七六～一九八一年）および『本居宣長全集』（筑摩書房、一九六八～一九九三年）からの引用は、書名、全集巻数（ローマ数字で表記）・頁数の順で、本文中に記載した。

註

（1）子安宣邦『平田篤胤の世界』（ぺりかん社、二〇〇一年）二四四―二四五頁。子安は、序章で「篤胤の『古史伝』は宣長の『古事記伝』の正統な、あるいは過剰な形での継承」であり、「『古事記伝』に、篤胤は「古史」による新たな神道的教説の語り出しへの秘鑰を見出した」といっている。そして、宣長の「正統」であり「過剰」な「継承」者である篤胤は、宣長が応えることをしなかった人々の「救済論的関心に動機付けられた神道神学的世界の再構成」に向かう、という（同前、九―一四頁）。篤胤にとって「救済論的関心」は重い意味をもっていたが、それはキリスト教の個人的な「救済」と決定的に違うように思われる。もっと時代の限界を超えた普遍的な人間の追究にあるように思われる。

（2）「筱舎漫筆」（『日本随筆大成』第二期三巻、吉川弘文館、一九七四年）二四二頁。

（3）エドマンド・リーチ『神話としての創世記』江河徹訳（ちくま学芸文庫、二〇〇二年）二八頁。

（4）渡辺金造『平田篤胤研究　第二篇書簡篇』（六甲書房、一九四二年）二六〇頁。傍点は引用者（以下同）。

（5）折口信夫は、「幽界の消息を語る物語などは、材料だけ集めておいて、其材料をば、篤胤先生は役に立てないでしまった。……今日われわれが見れば、些かながら篤胤先生の無意識の目的が、訣るやうに思ひます。……篤胤先生の学問といふものは、もっと大きくならなければならぬし、もっと違った方面にも進んで行かなければならぬ」(『折口信夫全集』第二〇巻、中央公論社、一九五六年、三四七―三四八頁)といっている。

(6) 大国隆正「馭戎問答」(『大国隆正全集』第一巻、有光社、一九三七年)一一九頁。宣長や篤胤の「後継者」として、近代的な宇宙論的イデオロギーを明示しているといえる。

(7) 「国学の本当の精神を明かにしてくれ」という宣長の意志をいまだ果たすことができないで老いてしまったが、それが篤胤の出現によってようやく実現することになった、と服部中庸が宣長の二十三周忌(文政六年)に語ったというエピソードは、宣長の没年(またはその翌年)に国学への志を立て宣長の顔も知らない篤胤が、中庸から宣長の継承者とみなされていたことを伝えている(山田孝雄『平田篤胤』畝傍書房、一九四二年、三九―四一頁参照)。

(8) 三木正太郎『平田篤胤の研究』(神道史学会、一九六九年)一五〇―一五一頁参照。

(9) 山泰幸「『篤胤問題』という視角」(『季刊日本思想史』六九号、ぺりかん社、二〇〇六年)八四頁参照。

(10) 村岡典嗣『宣長と篤胤』(創文社、一九五七年)一二四―一二五頁参照。

(11) 拙著『宣長神学の構造――仮構された「神代」』(ぺりかん社、一九九九年)二三三―二三五頁参照。

(12) 同前、第五章参照。

(13) 国学は、「被治者層」の奉仕事とする宣長の「一君万民」の重点が、「一君」にあったことは勿論であるが、それとともに、江戸時代の身分制を克服するために「万民」にもあったことを時代状況がよく示しているように思われる。

第5章 富士谷御杖の神典解釈——「欲望」の神学——

はじめに

本居宣長が著した『古事記伝』に触発されながらも、『古事記』をまったく新しい地平で読んだのは、富士谷御杖の『古事記燈（ともしび）』（『古事記燈大旨』は文化五年刊）であった。御杖は、『古事記』の「神代」を徹底して歴史的な事実性において捉えるところに成立した『古事記伝』を前にして、世界と人間の象徴という次元の異なる解釈を提示した。それを可能にしたのが、和歌解釈の方法として見出された「言霊倒語」というレトリック論であったことはよく知られている。また、その卓越性はレトリックのもつ認識論的意味への関心の学際的な広がりと相俟って、ひろく指摘されている。[1]

しかし、『古事記』が何ゆえ「倒語」というメタファーで記されたのか、その言語論的意味を根底に据えながら、『古事記燈』の神話解釈の構造を解明しようとする研究は、御杖の「神典」解釈の恣意性が強調されるばかりで、現在のところ、ほとんどなされていない。方法論と解釈についての評価が大きく断絶・乖離しているのである。彼の解釈は、宣長と同様に「いさゝかも私意を以いはず、いづれも古書にみゆる処」（『神明憑談』、Ⅳ・八〇六頁）と、文献学的実証性の自負のもとになされているが、文献を参照しながら史料の表層に密着する字義的注釈により解釈の正当性を主張できた宣長と違って、自らが発見した「倒語」という論理によって、史料の表層を離れ深層に心身の象徴的世界を構築しようとしたため、当時の人々からも理解しがたい奇異な言説として批判された。後年、御杖は、みずからの教えが広がらず、あたら「玉を淵に沈め」、「錦を暗室にをさめ」（同前、八〇五頁）たことを嘆き、失意のうちになかば狂気をおびて文政六年（一八二三）に没する。

本章の目的は、これまでたんなる牽強付会とみなされ、とかく軽視されてきた彼の「神典」解釈の独自な構造とその思想史的意義を、『古事記』「神代」の展開にそって明らかにすることにある。[2]「我御国にて行のをしへとなるへきもの神書より外なし」（同前、七九九頁。傍点は引用者、以下同）として、強靭な思索力によって『古事記』の解読を試み続けた御杖が獲得した「言霊の教」（同前、八〇三頁）とはいったい何であったのか。また「世人大小となくうれひにしつみ無益の慮を費し、日月をむなしく経甚しくしては病を発し身をほろほす」（『神典挙要』、Ⅰ・八七八頁）という危機意識に基づいて、御杖はみずからの「神典」解釈を提示することによって、時代の課題にどう応えようとしたのか。こうした問題を念頭において、同じく『古事記』を典拠にしながら、宣長とまったく違った世界を構築した富士谷御杖という特異な国学者の思想を、十八世紀から十九世紀への転換のなかで位置づけてみたいと思う。

一　歌道論から神学へ

『神明憑談』（文政五年）は、御杖が没する前年に問答形式によって著した回想録である。内題に「今よの人の心になき事ともをいへば人皆神かゝりとやきくらんとてなむ」（Ⅳ・七八三頁）と記し、異題を「可牟我加里（かむがかり）」としているように、世に受け入れられぬ論をなぜ自分は執拗に説き続けるのかが語られている。彼は五十歳を過ぎた頃、「予かよに行はれぬ種」（同前、七九八頁）は、詠歌に「益」を求めたことにあるのではないか、と自問している。優れた国語学者であった富士谷成章の長男として明和五年（一七六八）に生まれ、幼き頃より歌詠みを常としていた御杖は、十二歳で父を失った後も成章の遺作『脚結抄（あゆひ）』を師として歌を詠み続けた。しかし、その後、歌が自分と他者にとって「益」あることだと確信できなければ、生涯歌を詠むのを止めると決意し、「詞をつかふ教」を求めて古書を渉猟したという。それは、彼の最初の著書ともいうべき『歌道非唯抄』（寛政四年刊）の「歌はたゝことはに誠をたてて身ををさめ、国たみにも及ぼす道」（Ⅳ・三六四頁）という言明にも表れている。歌を詠むことを通してしか人がなしえないこととはいったい何なのか、世のなかに生きることと歌を詠むことはどう関係しているのか、といった求道的ともいえる懐疑と思索から生まれた書物が、文化初めになる『真言弁』を代表とする『百人一首燈』『歌道解醒』などの一連の歌論書である。

御杖は、「歌道の肝要」を「言行にいたせは禍になり、心中に忍へは病ともなりぬへき事ある時、それをなくさめてその禍を除かんか為なり」（『歌道解醒』、Ⅳ・六七五頁）と捉え、題詠の「もてあそひくさ」のように軽々しく歌を詠むことを否定し、言行に表せない焦迫した衝動のみが歌詠を必要とすると説く。その主張の根拠となったのが、『万葉集』第十三巻の柿本人麻呂の「葦原の瑞穂の国は神ながら言挙せぬ国　然れども言挙ぞわがする　事幸く真幸く坐せと恙なく　幸く坐さば荒磯波　ありても見むと百重波　千重波しきに　言挙すわれ　言挙すわれ[3]」という長歌と、それに続く「磯城島の日本の国は言霊の幸はふ国（御杖は「所佐国」と記す）ぞま幸くありこそ」という反歌である。両歌を合わせると、日本は、何事も神のままにまかせて「言挙せぬ国」といわれるが、また「言霊」が幸をもたらす国でもあるので、私はあなたの無事を願う気持ちを「言挙」してご無事でいらしてくださいと歌う、ということになろう。

御杖は、人麻呂の「言挙せぬ国」といいながら「言挙」し、「言霊の幸はふ国」と結ぶ屈折した表現から、人間の心の重層性と、それに対応する神道と歌道という二つの道の違いを導き出す。「神ながら」すなわち神道に依拠すれば、「言挙」しないでも心は収まるものだが、「然れども」、どうしても神にまかせておき難い、神道では如何とも制し難い鬱情が起こったときは、「言霊」の宿る歌を詠むことによって心は慰められる、と。この「言挙」とともに「言霊」がいわれた人麻呂の歌から、「何ごとも神慮にまかせて、為（ワザ）にはいだすまじきこと」（『真言弁』、Ⅳ・七三一頁）と「なほ制しかねたらん時は、歌になぐさむる」（同前、七三二頁）という二つの「我御国ぶり」を読み取り、「神道は本なり、歌道は末なり、為にいだすは、その末のすゑ也」（同前、七三一頁）という道の段階を設定する。そして、『源氏物語』の言葉を借用して「神道にまつろひてをさまるばかりの心」を「偏心（ヒトヘ）」、「神道にもまつろはぬばかりなる心」を「一向心（ヒタブル）」（同前、七〇八頁）と名づけるのである。

　ここでまず確認しておかなければならないのは、「歌になぐさむる」といっても決して「一向心」をそのまま歌うことによって想いを発散させることや、言葉の彩によって想いを昇華させることを意味してはいないことである。言行に想いを出さない神道があくまで「本」であるから、「歌道」は「いはで叶はぬ事と一向におほゆる事をつゝしみて、或はかたはらをよみ、或は月花に托してよむへき」なのであり、それでこそ「人の心厚き所おのつから歌の中にこもりて無量無辺不可思議の妙用をなす」ことができ、人麻呂はこのことを「言霊」の働きだと述べているという（『歌道解醒』、Ⅳ・六九二頁）。現在の言語学でいえば「かたはらをよむ」ことが換喩、「月花に托してよむ」ことが隠喩ということになろうが、こうしたレトリックが用いられて初めて、「言霊」という「妙用」が生まれるというのである。逆に、歌を解釈する立場からいえば、歌を詠む人の来歴や置かれた状況を踏まえ、歌の表面的意味を超えて、背後に込められた「言霊」を解明することが求められることになる。つまり、心中の鬱情が歌となって表象される内的な過程が問われるのである。[4] したがって、「言霊（ことだま）」といっても、たとえば契沖の「言にたましひのあるといふがごとし、いはへばよろこび来り、のろへばうれへいたるか如し」（『万葉代匠記』）という解釈のように、表に出した「言」はそれ自体独立した存在となって現実を動かし「事」となる、という古代人の言葉に対する信仰を意味しない。御杖は、こうした「言即事」ともいうべき伝統的解釈に異を唱え、「言霊」における禁忌の観念から独自な人間論を展開していくことになる。

歌の「益」を追究した結果御杖が見出したのは、ストレートに言行に出せば必ず禍を招くため言行に出せない人間の心の問題であり、「為（わざ）をうながす心を制すべき道」（『真言弁』、Ⅳ・七一二頁）としての神道と歌道であった。つまり、御杖にとっては「心」と「為」（言行）とは直截な関係ではなく相対立しており、「為をうながす心」を如何にして神道と歌道によって処置していくのか、という人間の心理過程そのものが考察の対象となる。父亡き後の師ともいうべき儒学者の伯父皆川淇園（みながわきえん）は、倫理というものを民衆の意識が相互作用する過程において形成されたものと考え、倫理の実体を心理に還元し、その心理過程を自立的な領域として浮上させた、といわれている。[5] 国学者の御杖は、こうした淇園の学問の影響を受けて、人々の心に屈折しながら去来する「偏心」や「一向心」の処置のあり様を歌書や神書に探っていくことになる。

さて、御杖は『歌道非唯抄』（稿本、寛政九年頃）において、人間の心を重層的に捉えながらも、「私心」を「ひとへごころ」、それに対立する「公心」を「まごころ」と訓み、「理をつたひてひたすらふかく入てみれは、その奥の道理、時ありてはわか公心を媒としてふとわか神におもひあたり、すなはち道をさとり誠たつにいたる」（Ⅳ・五一一頁）と述べている。この『歌道非唯抄』においては、「誠」の概念を中核にして、「理」も「公」もともに「道」に到るための概念として全面的に肯定されている。ところが、『百人一首燈』（文化元年刊）になると、次頁のような図が示され（Ⅳ・二二四頁）、「理」や「公」に対して、一定の批判的な姿勢が現れてくる。

この図で特異なのは、「わが身の内にて、理のわが情をおす図」「わが情の、理におされてのどめられぬ図」と記されているように、「情」を押すものが「理」であると考えられている点である。近世の通念的な「情理」観からすれば「情」を抑制するのが「理」であるけれども、御杖は逆に「情を一向にする理」（同前、二二一頁）と捉える。なぜなら、「理といふ物、おほかた公に属せるものなれば、人のまどひはこれよりおこること疑なし」（同前、二二三頁）というように、人間が「情」を言行に出したい誘惑に駆られるのは、「公」に属する「理」によって自らの言行を絶えず合理化し正当化したいという欲望がはたらくからなのだという。ここには、「公理」をたのむ人間が「情」を表出して禍を招くという因果関係が見据えられており、「公理」のもつ両面性が説かれているのである。

　こうした人間心理の洞察を踏まえて、『真言弁』（文化初め頃成立）では、「公」も「理」も相対的なものとみなして両者を包括し、それを超える新たな概念が登場する。それが、「私心私言私為は論のほかなり、公心公言公為は理ありても、時にたがふ事あるものなれば、神これをたつとび給はず、真心真言真為は理なきことも、時宜を思ふ心のあはれさに、神かならずこれを貴び給ふなり、公と真との差別をよく弁へて、真の徳たかきことをしるべきこと也」（『真言弁』、Ⅳ・七四六頁）というように、「真」であった。「誠」の語が姿を消し、代わってより高次な概念として「真」が登場してくるのである。

御杖は、『万葉集』に「脚結」(助詞)の「まで」の万葉仮名として「左右手」の字が当てられていることから、「左右にもあれ、公私にもあれ、善悪にもあれ、のこることなく具足せるをば真」(同前、七五二頁)というのだと記している。『万葉集』ではほかに「二手」「諸手」などの字が用いられており、御杖のいう如く「真」は二つが揃ったことを意味していることは間違いない。彼は、左右・公私・善悪といった二元論を止揚し、両者を統合する言葉として「まで」の「ま」を見出したのである。その際、自説の拠り所となったのは、後にみずから記すように、「心うへき事はすへて両端をいはされは其理尽さるを、片方はかりをいひて、両端をしらするものは脚結の専要也」(『歌道挙要』Ⅳ、七七三頁)という亡父成章の「脚結」論であったと思われる。では、そこにどのような意味が込められていたのであろうか。

御杖は、『真言弁』の「真言」に「マコト」と振り仮名をつけている。先に『歌道非唯抄』(稿本)では、「誠」概念が中核的な意味をもっていたことを述べたが、この「真言」にはそれへの自己批判の意味が込められていると考えられる。周知のように、朱子学において、「天人相関」的形而上学によって「真実無妄」の「天道」に則るものとされた「誠」は、伊藤仁斎によって『中庸』自体の文献批判を通じて日常卑近な人倫道徳としての「忠信」へと捉え直された。その後、懐徳堂の人々によって『中庸』の正統性を認めつつも朱子学的形而上学にくみすることなく「あたりまへをつとめ」る日常道徳として「誠の道」が説かれるようになる。(6) つまり、仁斎や懐徳堂における日常道徳は、身体的活動による実践を通しての「修為」なのであり、その「知」は「言」ではなく「行」によって結実するものであったといえよう。

しかし、御杖にとって「マコト（真言）」は、朱子学の「誠」がもつ「理」への志向性を払拭する概念であるとともに、仁斎などの「誠」がもつ実践的な倫理性と異なり、「言」を操る存在としての人間が他者にかかわることに一義的意味を見出すところから生まれてきたのである。彼は、皆川淇園から人間は「言行ふたつを具せざれはかなはぬもの」(『神明憑談』、Ⅳ・七九九頁)であることを諭され、わが国の「行のをしへ」は『古事記』や『日本書紀』などの「神書」に表現されていると考える。そして、ついに「神書一部すへて神智を述たるもの」だと悟り、『真言弁』などの「歌道論」段階では、神道はただ「何ごとも神慮にまかせて、為にはいだすまじきこと」といわれるにすぎなかったが、御杖の神学を構築した『古事記燈』では、歌道論で得た「言霊」という言葉を手掛かりとして、人間の心理の内奥を明らめ、制御しがたい「欲」を如何に処置すべきかを教える書として「神書」は見出されていくのである。

二　『古事記燈』と「言霊倒語」

文化四年（一八〇七）十一月に脱稿され翌年秋に刊行された『古事記燈大旨』（以下、『大旨』）は、宣長の『古事記伝』批判から始められている。『古事記伝』の画期的意義を認めたうえで、宣長神学がもつ根本的な誤謬を指摘する。それは第一に、上巻を歴史書とみなしたこと、第二に「詞の表」の注釈に終始したこと、第三に「言霊」理解に思い至らなかったこと、第四に不可知論的態度、第五に排他的な「漢心」批判、である。これらは、結局のところ第三の「わが御国言は、言霊をむねとする事に思ひいたられざりし」（『大旨』、Ⅰ・三八頁）ことに起因するといえる。「神代」の「あやしさを導として言霊におもひいた」（同前、四四頁）った御杖は、「上巻はうたがひなく、神武帝の大御身のうちなる御神だちと、天下衆人の身中なる神との、やごとなき道をとき給ひし」（同前、四八頁）ことを確信し、「神典」が「今の世のあやしき我等が身のうち」（同前、四五頁）に通じる人間の無意識下の心的事実を記したものだとみなしたのである。そして御杖は『古事記燈』という書名のごとく、「言霊」の極致ともいうべき表現で記された『古事記』に「燈」を点し、「神典」の隠れた意味を暗闇から明るみへ出し、『古事記』上巻が人々を救済するために神武天皇が教え諭した書物であることを提示しようとしたのである。それは、「意と事と言とは、みな相称（アヒカナ）へる」（『古事記伝』、Ⅸ・

六頁）稀有な「最上たる史典」（同前、七頁）として、『古事記』を発見した宣長が、天皇家の始源を描いた歴史書の忠実な注釈者たらんとして『古事記伝』を著したことへのラディカルな挑戦であった。

御杖は『大旨』において、「とても直言をもては、その中心に徹すべからざるがゆゑに、わが大御国、神気の妙用をむねとはするなり、［倒語する時は、神あり、これ言霊なり］」（『大旨』、Ⅰ・五二—五三頁。［　］内は割注）として、「直言」は、後述するように、人間の根源的欲望である「神」を殺すため人の「中心」（＝心の深層）に達することはできないが、「倒語」は「神」を殺さず「神気の妙用」をもち、これが「言霊」の働きといわれるものだという。ここに「倒語」が初出する。「倒語」は、「直言」に対立するものであるから、端的には「わが所思の反を言とする」（同前、六二頁）ことである。しかし、もちろん「反」をいうといっても反対をいうなどという天邪鬼的な意味ではない。それは、「いふといはざるとの間のものにて、所思をいへるかとみれば思はぬ事をいへり、その事のうへかと見ればさにあらざる、是倒語の肝要なり」（同前、五三頁）というように、「直言」という日常的な直接的表現とは異なる微妙で複雑な比喩的表現を意味している。そこには、「すべて古歌古文をみむには、詞とせられたるかぎりは、そのぬしの所思の正面にはあらずと決断して、さてみるべきなり」（同前、五七頁）というように、真淵や宣長が「古言」に直さや率直さをみることへの痛烈な批判が込められているのである。

真淵と違って宣長は、表現における技巧や文彩といった修辞を芸術的感動をもたらすための必須条件とみなしていたが、我々という親密な共同性において社会を捉え、人間心理をその揺れのままに包み込んで「物のあはれ」の世界に安住することができた。それに対して、自己と他者が鋭く対立する関係性において社会を捉えた御杖は、言葉に出すことは「所思の正面」ではありえず、無意識下に生起する人間の屈折した「所思」にメスを入れ、それに適切に対処する必要があった。宣長にとって、「言挙」は、言葉に出すこと一般ではなく、あくまで「事のさまあるべきさまを、云々と挙げ言立る」(『古事記伝』、XI・二六七頁)ことを意味していたので、日本が「言霊の幸はふ国」であることとは矛盾しなかった。しかし、御杖にとっては、「言霊の幸はふ国」とは、本来、言葉が禍を招くため「言挙げせぬ」ことが常態であったために、わざわざ言い出されねばならないことであった。つまり、「さちあるまじき事にさちありてこそ」(『大旨』、I・六〇頁)言い出される価値があったのである。世界を意味づける最も基本的な「言」を、御杖は、宣長とはまったく反対の位置から眺めていたのである。その典拠となったのが、『日本書紀』の神武紀と『古事記』の垂仁記の記述である。

御杖がいう「倒語」という言葉は、神武天皇即位の年、「密策」の命を受けた道臣命(みちのおみのみこと)が大来目部(おほくめら)を率いて「諷歌倒語を以て、妖気を掃ひ蕩せり。倒語の用ゐらるゝは、始めて茲に起れり」[7]という記述によっている。現在の解釈では、「諷歌」は「他事に擬えてさとす意を表わす歌」であり「倒語」は「相手に分らせず、味方にだけ通じるように定めて使う言葉[8]」とされている。御杖は前段では「諷歌倒語」とされ後段では「倒語」とされていることから、「諷歌」を「倒語」の修飾語とみなし、「倒語」に「諷と歌」があるとしている。御杖は、すでに『真言弁』において「言語は無形也、詠歌は有形なり、すべて形なきものには、霊とどまる事なく、形あるものには霊そのうちにとゞまりて死せず」(『真言弁』、Ⅳ・七四〇—七四一頁)と述べていたが、しかし『大旨』に至って、歌という定型詩のみならず「言語の倒語なる」「諷」(『大旨』、Ⅰ・六二頁)にも「言霊」をみていくことになる。歌論における「真言」が、父成章の「表裏境」や中世歌論の「余情有心」を批判的に継承したものだとすれば、「倒語」はそこからの脱皮を意味していた。彼の「言霊」論による解釈は、詠歌の世界を超えて『古事記』という「神典」へと拡大していく根拠を得たのである。

彼は「始めて茲に起れり」という『日本書紀』の記述を根拠にして、「倒語」が「密策」を命じた「神武帝の御発明」であり、「あやしき事のみ」(同前、三九頁)を記す『古事記』上巻が神武天皇による「言霊」の書であるとみなすのである。「直言」とみては理解不可能な書である記紀の「神代」の記述は、「倒語」による神武天皇の教えであり、「倒語」によって天皇は「大御国を御一統」(同前、六二頁)したことが、千年の眠りから覚め再び明らかになったという。『真言弁』では、大国主命への少彦名神の問答から「畏愛の道」が説かれるといった、表層的で断片的な解釈がなされるにすぎなかった『古事記』の「神代」は、『大旨』に至って、古代日本の統一者・神武天皇による教の書として、全体的に一貫した論理と方法で解釈されていくことになる。その際、割拠する領主のなかの一人にすぎなかった神武天皇が天下統一に成功したのが、この「倒語」という「密策」によるとすることからわかるように、彼の「倒語」は、たんに「所思」をそらして表現するという意味だけではなく、「権謀術数」的な意味をもっていたことを忘れてはならない。

さて、御杖が「倒語」のもう一つの典拠としてあげるのが『古事記』中巻、垂仁天皇の段である。その内容は、垂仁天皇の子本牟智和気（ほむちわけ）は、大人になっても「真事〔言〕とはず」状況であった、ところが空飛ぶ鵠の声を聞いて初めて「あぎとひ」する（片言をいう）、そこで鵠を捜し再びみせたが、案に違い物を言うことはなかった、というものである。後半は校本の異同が多い部分で、これは「於思物言而如思爾勿言事」との記載に則り「物言はむと思ほせしに、思ほすが如くに言ひたまふ事勿かりき」と読んだうえでの意味である。しかし、御杖が引用する史料には「物言如思爾而勿言事」と記され、「於思」が脱落し「而」が後ろへ移動している。その結果、彼は引用を「物言ふこと思ふが如くして、もの言う事なし」と読み、「思ふが如く」言うとは「直言の事にて、言に霊なきをいふ」（同前、五五頁）のであり、「思」うのは、周りの人々ではなく「物言」わぬ本牟智和気だと解釈し、思いをそのまま言葉にすることは「物いふ道」ではないと解釈する。「真事とはず」も「勿言事」もたんに物理的に物が言えないという意味ではなく、社会的な言語生活のあり様への言及と捉えるのである。[9]「物言ふこと思ふが如く」であることは、正直・誠実の徳として賞賛さるべきであるという世間一般の常識を覆し、「思ふがごとくやがて言にいづる」ことを「直言」と呼び、それは言葉に「霊」がこもった「真言」ではないという。なぜなら、個々人の思いは「偏心」であり、そうした思いの直截な表現は、他者の心を感動させ、自分の思いを正しく理解させることができないので「禍」を招くからである。

こうして、歌論における「言霊」に基づきながら、神武天皇の天下平定のための「密策」というきわめて政治的性格をもった言葉として見出された「倒語」は、本牟智和気の話を経て広く社会的生活全般へとかかわる言語表現法へと拡大して認識されていく。では、その「倒語」を武器にして、御杖はどのように『古事記』上巻を解読していくのであろうか。

三　「七神三段神世七代」

近世社会における二元的世界を示す代表的な比喩表現は「天地」であろう。御杖も『古事記』冒頭の「天地初発之時」の記述に基づき、「すべてふたつをそなふるは即天地をそなふる」（『万葉集燈大旨』、Ⅱ・八二頁）ことだとし、「天地」に両端としての「ふたつ」の典型をみている。そして、天地の初めから説き起こす「わか神典た丶一冊に宇宙をつ丶めたまへる物」（『古事記燈大御宝之件』、Ⅰ・三四七頁）と確信して、「神代」を徹底的に世界の象徴的な表現として解読していくのである。

彼は、『古事記』上巻を、天地初発の「七神三段神世七代」が「大綱」、七代最後の伊邪那岐・伊邪那美二神が「命」へと呼称が転じて以降はその「釈」、そのうち「淤能碁呂島之件」が「総釈」であると捉え、続く「先言之件」から「鵜葺草葺不合命御子生之件」までを、五段落に大別できる四十五件に項目分けをして、順次解読していこうとする（『大旨』、I・八四頁）。しかし、彼の著作としてまとまっているのは『古事記燈』の総論ともいうべき『大旨』のみであり、本論は「七神三段神世七代」でさえ種々の草稿が残されているだけであり、最後まで定稿をみるに至っていない。そのことが、『古事記』の上巻を「直言」ではなく「倒語」によって書かれた象徴的世界と解し、それを一つひとつの語義を解明しながら、一貫性をもって持続的に解読していくことがいかに困難な業であるかを示している。とはいえ、『大旨』と残された草稿から『古事記燈』の内容を読み取ることは可能であるので、彼が『古事記』の「神代」にどのような意味を見出したのか探ってみよう。

御杖が教義の大綱とする「七神三段神世七代二百一字」というのは、「天地初発」に始まり「神世七代」で終わる記述である。御杖は、それを、天之御中主神・高御産巣日神・神産巣日神の「初段」、阿斯訶備比古遲神・天之常立神の「中段」、国常立神・豊雲野神の「下段」、伊邪那岐神・妹伊邪那美神に至る五対十神の「次下段」の四段に分け、さらに、初めの別天神五神をあわせて「初中段」とし、全体を三段に分けて考える。「七神三段」とは、ともに「独神成坐而隠身也」と記されることから「初中段」と「下段」、「神世七代」とは『古事記』自身が記すように「下段」と「次下段」とを合せた名称で、「下段」が両段に跨ることになる。

御杖は、この三段をまず、「初中段」が「我としてふるまふべき神さび」、「下段」が「彼より生する事」、「次下段」が「彼我の間におのづから生する所」であり、その「彼我の間のいたり」である岐美の登場が「初中段」の主旨につながる（『大旨』、I・八一―八二頁）と説く。つまり、「七神三段神世七代」に、「我」（自）と「彼」（他）という二元の対立関係が、「彼我」という相互主体性へと変換され、それが再び「我」を構成するという「彼我」認識の循環のプロセスをみるのである。次に、「初中段」を「天」、「下段」を「地」に配し、天からの「降気」と地からの「昇気」との「昇降の二気」が衝突することなく「天地相和順し万物生々」（『大旨』、I・八二頁）するというコスモロジーを説く。そして、「下段」が両段に跨っていることから、「彼」（他）・「地」（昇気）を始めとすることが神道の教えだと解釈する。こうした「彼我」論やコスモロジー論からもわかるように、御杖は「神典」に多義的なメタファーを読み込んでいるが、その核心は、「心身の祖たる天地」「人の心身は天地の化成なる事疑なき事」（『古事記燈神典』、I・五三〇頁）というように、「天地」論に基づく「心身」論的な観点であった。

御杖によれば、「天」は「無形の物」、「地」は「有形の物」であるから、両者が「渾沌」する未分化なものとは、「有形」の「身」と「無形」の「心」よりなる人間自身を指している（『発天地隠身心法』、Ⅰ・二五四頁）。このことは天子であろうと乞食であろうと基本的に変わりはないから、現実には君臣などの別があっても、神道では五倫をわざわざ問題にしない[10]（『古事記首』、Ⅰ・一四六頁）。人間にとって「心身の渾沌」は本来「自然」なことであるが、「天地初発」というメタファーを用いて、それをあえて「発（ひらく）」（＝「二物とし其間を遠くなす」）と表現しているのは、「心」と「身」を分離すべきことを教えているという。なぜなら、「心は内思の主、身は外用の主」なのであるが、「内思の如く外用する」「渾沌」は、すべての「禍」をもたらす悪しき事だからである（『古事記燈巻一』、Ⅰ・一〇六頁）。つまり、「天地初発」とは先に歌論のところでみた「為（ワザ）をうながす心を制すべき道」を比喩的に表現していることになるが、そこに止まるわけではない。さらに彼は、「人といふは、神を身内にやどしたるもの丶名也、……此人身中の神なに物ぞといふに、人かならず理欲の二つありて、その欲をつかさどるをば神といひ、理をつかさどるをば、人といふ理欲は天地を親として、人の心身、この理欲の二性をうけ継たる」（『大旨』、Ⅰ・六七頁）と、「天地」に代表される二元を、心身論から理欲・神人論へと展開していく。「天地」の「初発」は、こうした二元を「渾沌」させないこと、戦わせないことを象徴していると解するのである[11]。

ここで留意すべきことは、「地」を「親」とする「欲」をつかさどるのが「神」であり、「天」を「親」とする「理」をつかさどるのが「人」であるという、人の意表を衝くような〈身―地―欲―神〉と〈心―天―理―人〉の二元論を説いていることである。彼は、卑しい「地」に擬えられる

「欲」を制し、尊い「天」に擬えられる「理」をまっとうしようとするのが「人道」であり、「道理をはなれておもふ所のやむことをえざる道」が「神道」（同前、六八頁）なのだという。理欲を戦わせ、欲を制御し理を成就しようとする「人道」は、「天地初発」以前の「渾沌」なのである。御杖はいう、「万物の生ずるに、地を母とせざるはなければ、……渾沌して人欲を制しては、妙事をうむ母なくなりぬべし、さればいはゆる孝悌忠信のたぐひも、その生ずる母は人欲なる事しるければ、たゞ人欲をだに尽せば、孝悌忠信は、をしへずしておのづからうむべき也、この故に、わが神典、孝悌忠信等のをしへひとつもなくて、たゞその母をなすわざをのみもはらとをしへたまへるなり」（同前、七三頁）。こうした記述をみると、宣長の「人はみな、産巣日神の御霊によりて、生れつるまにまに、身にあるべきかぎりの行は、おのづから知てよく為る物」（『古事記伝』、IX・五九頁）といった「漢心」批判を土台としながら、彼がいかに「人欲」が有する創造性にこだわり、それを生かすところから「神典」を見据えていたかがわかる。ここにはもはや、産巣日神といった人格的な神は存在せず、「神」は人間の体内における「私思欲情」（『古事記燈巻一』、I・九六頁）と呼ばれる欲そのものであり、「人欲」のメタファーでしかない。そして、「天地初発」に続く神名の列挙に、「妙事をうむ母」である「人欲」を制するのでもただ解放するのでもなく、「達」（『大旨』、I・八四頁）する方法を読み込んでいく。

『大旨』と同時期に執筆された『古事記首』は、「七神三段」の意味を読み解こうとするものだが、そこには七神を図示した「七神三段図」が掲載されている（Ｉ・一四三頁）。

下方の浮脂の如く漂える物（「有身無心」の「地」）からは葦牙が萌え騰がり、上方の神産巣日神（「有心無身」の「天」）からは葦牙彦舅神が降り、図の中央に据えられている天之御中主神を挟んでいる。そして、左端には「地」から豊雲野神が昇りその極みに天之常立神が対峙し、右端には「天」から高御産巣日神が降りその極みに国之常立神が対峙している。

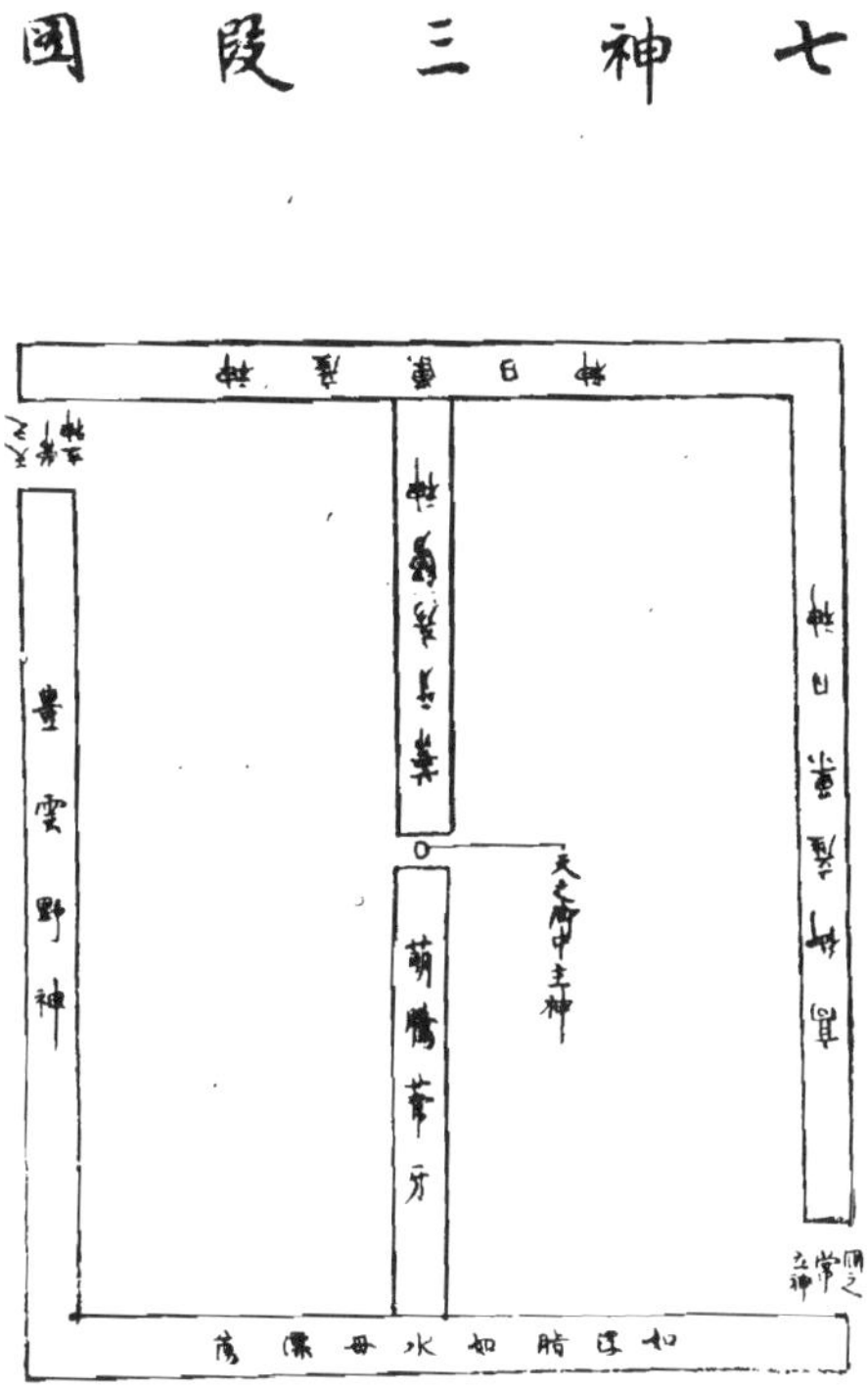

御杖の図解のメモ（Ｉ・一二八頁）によれば、左端（「地ノ傍」）の豊雲野神は「地ノ得心シタル心」、

右端（「天ノ傍」）の高御産巣日神は「天ノ得心シタル心」であり、天之常立神と国常立之神はそれぞれ「心ノ欲ノ極」「身ノ欲ノ極」を意味している。つまり、地からの昇気は、国の底（根国）を心に置けば、雲の如く立ち昇り、天之常立神に達すると「ワカ欲ヲ達シテ得心シテモドル」という。反対に、天からの降気は国之常立神に達すると反転して解消される。天地の傍らに位置づけられた神々は、昇降二気に擬えられて「身ノ欲」と「心ノ欲」それぞれの処置を説いたものだとみなされるのである。では、「傍」に対して「正面」で「舞台」と記される縦中央は何を意味しているのであろうか。

御杖は、葦牙の如き物とは「人」で、人間の身が母胎に生じることが葦牙に擬えられ、葦牙彦舅神は「葦牙を婦としてその夫の神なりとの心也」（『古事記燈巻乃一』、I・五七七頁）と、伊邪那岐・伊邪那美命に先立つ夫婦の比喩との見方を示している。つまり、葦牙を中央正面に描くことで、葦原中国に生きる「有身有心」（＝「心身の渾沌」）の人間が「身ノ欲」と「心ノ欲」との押合いに苦しんでいることを示している。そして、その真中に天之御中主神を位置づけることで、天にも地にも偏らない「中位」を失わないことが象徴的に示されるのである。したがって、彼が天之御中主神を「決断ノ事也」といっても、どちらか一方を選択する「世ノ決断」とはまったく異なり、人の称賛と誹謗という相反するものを二つとも兼ねることなのである。だから、図の中段で葦牙と葦牙彦舅神が「押合フ」ことは、両者の真中にいるこの天之御中主神を殺すことなのである。換言すれば、天之御中主神とは、天地の昇降二気のように、人間の性である心身の二欲を衝突させずに、それぞれの欲に達することを意味している。こうしてみると、先に述べた「真」概念の神学的表現が、この天之御中主神であることがわかる。「神道の肝要はたゞ此一神にあり」（『黄泉之件』、Ⅰ・三二〇頁）というように、天之御中主神こそが、彼の神学体系の象徴的中心をなす究極的な「価値の実体」であったのである。

さて、『古事記首』は初めに七神三段を平仮名で読み下し、その末尾に「右　伊邪那岐命御教七神三段之心術也、千歳餘湮没矣、有時今再現世不知其所以也」（『古事記首』、Ⅰ・一三八頁）と記している。ここで注目すべきは、千年の眠りから神道を覚醒させたとの自負のもとに、「七神三段之心術」を「伊邪那岐命御教」と呼んでいることである。そこで、次に、この伊邪那岐命の重要性がいったい何なのかを考えてみたい。

四　「伊邪那岐命御教」

『古事記』は、「七神三段神世七代」に続いて、岐美の国生み・黄泉国神話と伊邪那岐命の禊祓・三貴子誕生を記している。御杖は、神世七代の終に成る伊邪那岐・伊邪那美神の尊称が「命」に変わることによって、夫婦の如きより人間的な神へと変貌し、先に記したように岐美の関係に「彼我の間のいたり」(『大旨』、I・八三頁)が示されていると解する。「大綱」では神々そのものが天地・心身のメタファーでしかなかったのに対して、岐美神話は、「実事」にかけて諭した「大綱」の「釈」であり、そこには「実事」が「倒語」的表現で記されているという(同前)。

まず、「惣釈」とされた「淤能碁呂島之件」について考えてみよう。御杖は、「心の方」を司る伊邪那岐命と「身の方」を司る伊邪那美命(『古事記燈壱巻』、I・六一五頁)が、ともに淤能碁呂島に天降ったことは、「矛」や「矛末垂落之塩」といった性的イメージをもつ語が男女の交接を暗示するように、心身を有する人間が誕生したことを意味すると考える(『古事記燈神典』、I・八二五―八二七頁)。御杖によれば、「八尋殿」は、次の「大八島」と同様に、「頭胸腹陰左右の手足」の八所をもつ人間の比喩なのだ(同前、八三五頁)。岐美は「心身のおや」(同前、八二七頁)であり、淤能碁呂島の件は、「人は渾沌を質とするものなる事」(同前、八三四頁)を諭していると解する。つまり、『古事記』が記さずに前提としている「天地初発」以前の「渾沌」が、ここでは人間の問題として説明されているのだ。以下「黄泉之件」までは、この人間の「渾沌の弊」が説かれているとされる。

『古事記』が岐美の交接そのものを表現する「先言之件」や「改言之件」について、彼はきわめて特異な解釈をほどこす。「淤能碁呂島之件」が性的イメージを喚起し、その延長線上に両神の性行為が描かれていると読む「直言」的解釈をとらないのである。御杖は、象徴的「倒語」表現が駆使されている「神典」の『古事記』であるなら、性行為そのままの表現をとるはずはないと考え、「先言之件」にみられる岐美の「成余処」と「成不合処」は、それぞれ天の性を稟けた心の欲＝「名欲」と地の性を稟けた身の欲＝「利欲」という人間ひとりの「心身の二性」の「さとし」であると解する[12]（同前、八三八頁）。岐美の唱和も「人ひとりの体内」（同前、八三七頁）における自問自答であるという。すなわち、「おのれ是也と思ふ」「先言」は「利を先」とし、「理をさとれる」「改言」は「名を先」とする弊害を示しており（同前、八五三頁、八五九頁）、その「極」が伊邪那美命の「神避り」だという（『古事記燈壱巻』、Ⅰ・六一六頁）。御杖は、ここに、男女の交接による国生み・神生みではなく「名利二欲」の葛藤に苦しむ人間存在のあり様をみているのである。

こうして岐美神話は「黄泉之件」に移るが、御杖がとくに重視するのは、伊邪那岐命が伊邪那美命の見るなのタブーを犯して、黄泉軍に追われ、最後に桃の実を三つ投げて難を逃れるところである。そのとき、伊邪那岐命は、桃の実に向かって「汝、吾を助けし如く、葦原中国に有らゆる宇都志伎（うつしき）青人草の、苦しき瀬に落ちて患（うれ）ひ惚（なや）む時、助くべし[13]」という。御杖にとって、この言葉は神武紀の「倒語」との出会いに匹敵する神典解釈に開眼する劇的な瞬間であったと思われる。ここから彼は、『古事記』上巻が天皇家の先祖の歴史として書かれたのではなく、「ひろく貴賤にわたして心法せよとの心」（『大旨』、Ⅰ・四四頁）をもって神武天皇によって書かれた教えの書だと確信する。つまり、『古事記』上巻は、神武天皇自身が天下統一にあたって、「実事に御心をくるしめたまひ、実事にみちびかれて」（同前、八三頁）獲得した「教旨」を「実事」にかけて諭したものと考えたのである。伊邪那岐命はいわば神武天皇の化身といえる。桃の実に人々の救いを託した伊邪那岐命は、その「御みつからのくるしさをもて天下の人の苦をあはれませ給」（『古事記首』、Ⅰ・一四四頁）った「御うつくしみ」（同前、一三九頁）というように、みずからが「苦しむ神」であるがゆえに救済者として立ち現れた、とみなされたのである。『大旨』刊本の序を記した山脇之豹も、この教えの主旨が「青人草のうらふれんを助け玉はんとて、伝へさせ給ひし」（『大旨』、Ⅰ・三四頁）ものであると端的に記している。とくに御杖が生きた知識人社会においては、「詞をもて妖をまねきくるしきせにおつる人よにすくなからず」（『万葉集燈大旨』、Ⅱ・九〇頁）というように、言葉によって他者の怒りや恨みをかい、思わぬ苦境に陥ることが多かったのである。ここに、欲望を直接的に表現することを忌む「言霊倒語」を繰り返し説く所以がある。

そして、次の「千引石之件」にみられる、一日に千人殺すという伊邪那美命と千五百人を生むと答える伊邪那岐命の応答を、「この神算はすなはち天之御中主神をときたる」（『黄泉之件』、Ⅰ・三〇九頁）ものだという。すなわち、「彼」（＝伊邪那美）の千人殺すという欲望に対して、「我」（＝伊邪那岐）の千五百人生むという「一段つゝ強き大欲神を我に勧請する時」（同前、三一九頁）は、今まで大欲とみえた彼の欲望は小さなものにみえ、我の方がいっそう「不善人」であると思えてくるがゆえに、他者の欲望を満たしながら、自分のより大きな欲望を自然にかなえることができる。この方法は自分が案出したものではなく、「大欲を親としておこる言行はおのつから無欲」（同前、三〇六頁）になるという反転は、天之御中主神という大欲神がなせる「妙用」なのである。したがって、彼の「人欲より奥の所にわか領としてわか欲を養ふへき国必ある事」（『古事記燈大御宝之件』、Ⅰ・三三二頁）を人々に知らしむることが肝要なのだという。それが黄泉国＝根国なのである。御杖によれば、「黄泉之件」は「人欲をかたく外行」に出さないためには、「その欲を一段ときたなくせよとの教理」（『神道大意』、Ⅰ・九一一頁）を示しているのである。つまり、人間は「理」という「人道」が尊重される「言行」の世界を共有するだけでなく、「欲の性もと不動」（『神典言霊』、Ⅰ・三八四頁）であることを知り、自らの「欲」が他者の「欲」と響き合うときこそが、人々が権力や権威による「屈服」や「威服」ではなく、お互いが心から共感する「感服」し合う関係が生まれる時だと考えられている。そこには、そもそも「彼我」の関係性に生きる人間にとって、自己の欲望は他者の欲望を反映したものであり、欲望する心はすでにいくぶんかは他者のものなのだという人間の欲望に対する深い認識がある。

黄泉の件に続く「禊祓」は、こうした欲望の論理に基づいて説かれている。御杖によれば、黄泉国までは「渾沌の弊」が説かれているが、「禊祓之件」に至って初めて「初発の義」（『古事記燈神典』、Ⅰ・八三四頁）が説かれるという。宣長は、『大祓詞』にみられる「禊祓」に、人間の心にかかわらない「穢」を中心にした上代人の罪悪意識を見出すとともに、禍津日神の両義性を核にした現世における「吉凶相根差す理」という「妙理」を導き出した。[14] そうした宣長の祭祀観を批判的に継承するかのように、御杖は改めて「祓」の意味を考えるのである。

その直接的契機となったのは、『日本書紀』神代紀の「吉（爪）棄物凶（爪）棄物」や履中紀の「悪解除善解除」という言葉であった。前者は、須佐之男命が高天原を逐われる際の手足の爪の「解除」として、後者は、車持君が筑紫宗像の「神戸」を奪った罪に対し負わすものとして「禊祓」とともに記されている。御杖は「悪解除善解除」を表現のままに、「善悪」をともに「解除」（祓）することだと理解し、何故、「悪」のみならず「善」をも「解除」しなければならないのかと問う。この問題に対して、『日本紀私記』には、二祓が絶えず並列される意味について「吉解除者是招二禱吉事一也、凶解除者即除二却凶事一、兼招二吉事一、解除之道闕レ一不可也、故用二吉凶二解一也」と記されている。しかし、宣長も「吉招レ福、凶禳レ禍なりと云は、後人の例の推当（オシアテ）の誤なり、……犯（オカシ）ある人の為に、福を招くことあるべきかは」（『古事記伝』、Ⅸ・三八六頁）と疑問を抱くように、これでは合理的な説明になっていない。吉凶・善悪は「相根差す」ものと考え、悪をも含む人間の心を「真心」としてそのまま肯定する宣長は、疑問を呈しただけでそれ以上の追究をしなかったが、物事を二元的に捉え、理欲の葛藤に苦しむところに人間存在の本質をみていた御杖は、これまでの解釈が善悪という人間にとって根源的な問題に勝手な「推量」をしていることにどうしても納得できなかった。それで、この問題を若い時から数十年考え続けた末にようやく解答を得て、「善悪の二祓の事わか御国ふりの第一の事なり」（『神明憑談』、Ⅳ・八〇二頁）という結論に達したのである。

御杖はいう。「かれがゆるす所をいたりとして、善解除悪解除とて、われより是非をたてざる事、わが御教なるに、いはへばよろこび来り、のろへばうれへ来るといふは、猶渾沌家を出ざる論なるぞかし渾沌家とは、事ひとつを善悪とわくる見解なるをいふなり、わが御をしへは、人のゆるすとゆるさぬとを善悪とたてゝ、事一ツのうへには善悪をたてぬなり」（『大旨』、Ⅰ・六〇―六一頁）。自他の関係性に生きる人間にとって「事」の「善悪」は、先験的に「事」に内在するものではないから、「我」の勝手な判断に任せられず、ひとえに「彼」がそれを許容するかどうかという他者の評価にかかっていると考える。つまり、他者との関係においてしか「善悪」が成り立たないということは、結局のところ、「善悪といふ名はすでに言行に出てのうへの名」というように外在的な社会規範であり、他者に影響を及ぼさない内面の世界においては「善悪の名はかゝらぬ」（『古事記燈壱巻』、Ⅰ・六一〇頁）ということを意味する。

このように「善悪」を顕なる「二事」とみなした御杖は、それとの違いを明示するために、内面に隠れた幽なる「善悪の二念」を「理欲」と呼ぶ（『古事記燈神典』、Ⅰ・五三二頁）。そして、彼は「欲念を身内に安置し、かりにも理念をして身内ををかさしめざる、これをは善悪二祓とは心うへき也」（同前、五三九頁）と、「欲念」を身内に、「理念」を身外に置いて理欲の「二念」を徹底して分離させ、両者の葛藤を起こさせないようにすることこそが「祓」の主旨なのだという。つまり、欲は制しても消滅させることはできないし、あまり抑圧しすぎると精神や肉体を病むという異常な事態になりかねない。また逆に、「理」は「欲」を正当化して自負の心を起こさせ、他者を傷つけることもある。だから「欲」は「理」から徹底的に分離して、心の奥底に「安置」するしか対処の術がないのである。畢竟、御杖にとって重要なのは、悪につながる「欲念」を如何に「身内に安置」し「理念」との衝突を避けるかという問題であり、そのために善につながる「理念」を「身外」に出すことなのだ。これが、御杖が解する「善悪二祓」の意味なのである。伊邪那岐命は、「禊祓」することによって理欲の葛藤に苦しむ人間の欲望を処置(「安置」)する方法を教えたというのである。その意味で、御杖の国学は、「欲望」の神学であるとともに、それに心悩ます人々を救済することを目指す「救済」の神学でもあった。

宣長が、「祓」の対象を人間の「心」ではなく世間の「事」の世界に限定することで、人間の内面的あり方を不問に付し、人間性の解放へ向かうことができたのは、彼が「人欲」を「情」という情緒的感性一般の延長線上において捉えたため、それを肯定してもなお安定した「真心」的人間像を構築しえたからである。それに対して、御杖は、「祓」が「事」と「心」の両方のあり方を示していると考え、執拗に個々人の内面と出来事の関連を追究し「欲」の処置の問題に直面したのは、彼が「人欲」を「理」と衝突させれば自己解体にまで向かう破壊的な欲望であると認識し、これを人間の力の及ばない「神」のつかさどる領域とみなしたからである。つまり、朱子学のように「人欲」を離れ「天理」に則ることを求めるのでもなく、宣長のように「人欲も即天理ならずや」(『古事記伝』、IX・六〇頁)といい「天理」を逆手にとりながら「人欲」を肯定するのでもなく、「理」を離れてみずからの「欲」を「不動不壊」（『古事記燈神典』、Ⅰ・五三八頁）のままにして「安置」する方法を考えたのであった。文政二年（一八一九）、御杖五十二歳のとき、門人のために記された『神道大意』は、「まつ第一に人は根之国をたつへし、この根の国たにたしかにたては高天原おのつからたつ、かく根之国高天原たつときは中国おのつからたつへきは、もろ〳〵の善事みな人欲より生すれはなり」（Ⅰ・九一三―九一四頁）と、天地のコスモロジーに譬えられた人間心理の三層構造において、「欲」を「理」と衝突させないために肥大化して根国へと安置することこそが神道の要諦であることを明確に語っている。「畢竟神道とは人欲の路」（『神典言霊』、Ⅰ・三七四頁）なのである。

五　「三貴子」と「三種の神器」

御杖は、人々が「渾沌の弊」に陥った時に助けとなる桃の実が、三つであったことに注目する。というのは、「三」が「七神三段」を典型として、三貴子、三種の神器と照応し、しかもそれが〈三つの桃の実―三貴子―三種の神器〉という「三段」を形成しているからである（『古事記首』、Ⅰ・一二八頁）。質も次元も異なる三つの物に「三」という数字を媒介として、人々を救う「七神三段のさとし」（同前、一三九頁）の有意味な関係を読み込む[15]。こうした方法を御杖は「照応字律」（『大旨』、Ⅰ・七八頁）と呼び、一冊に古今の大議論を納めるためには「いはで叶はぬ事もはぶかるゝが故に必用」

だとし、「大綱」とおのおのの「釈」とを有機的に結び付ける。こうして御杖は、神代の出来事に個別的な寓意を超える一貫性のある論理を見出していくのである。

伊邪那岐命は、「禊祓」によって「両目鼻」から天照大御神（日神）・月読命（月神）・須佐之男命を産み、それぞれに高天原・夜之食国（黄泉国・根国）・海原（葦原中国）を委ねる。御杖は、両目鼻がちょうど「天地中を横になしたる象」（『北辺家神典奥呂二件并斎宮』、Ⅰ・五一六頁）であり、天地を人の身体に配したのだという。つまり、三貴子は「天地中」＝「高天原・根国・葦原中国」と同様に三原理のメタファーであり、実体的なものではないのである。御杖によれば、昼の主である日神は顕露事、夜の主である月神は幽事をつかさどり、それぞれが高天原と夜之食国（よるのおすくに）とを分治するが、月神の幽事を忘れ高天原の顕露事ばかりに偏るときの弊害を、須佐之男命の号泣により青山が枯れ河海が乾したことによって示しているという。顕をつかさどる日神は物の陰になるところまでは照らすことができないのに、とかく人間は人の「幽中」を暴きたくなる性質をもっているので、それが須佐之男命との問題となって表れているとみる（『古事記燈巻一』、Ⅰ・一一九―一二〇頁）。

須佐之男命は、天照大御神との誓約に勝利したのに乗じて高天原で勝手な行動を繰り返すが、それは「おのれ邪心なきをたのみ、人に対していさゝかも恥る所なしと思ふより、その言行おもはず人にこはくあたる」ように、「欲」を制し自分の心に「理」あると思う人間の思い上がった自尊の行為である。それに対し、高天原を追放された須佐之男命は、「人のうれひくるしみをたすけ」ようとして八俣の大蛇を退治するのであるが、これも自分一人が優れた行為にでることで周りの人々を劣らしめ憤りをかうことになる。このように、一般に善事といわれるのは、「欲を制すると人をあはれむとのふたつ」であるけれども、御杖にいわせれば、良き心（＝名欲）でも外に出せば悪しき心（＝利欲）と同様にともに禍を招くことになるという（『神道大意』、Ⅰ・九〇八―九〇九頁）。これは、「理」を恃む「凡情」からみれば意外にみえようが、「事実」に基づく神道からすれば、確かであると断定する（同前、九一一頁）。

こうした三貴子が桃の実三つの「実事」（『古事記首』、Ⅰ・一二八頁）であるなら、次の三種の神器は「実物」による「さとし」ということになる。御杖は、三種の神器について、神道の常識を覆す解釈を施す。ふつういわれているように鏡を天照大御神の御神体とするのではなく、珠が天照大御神で、「今伊勢にこの御鏡をいつかれしは月読命の御像にて、その御社は日神の御社なり」（『伊勢両大神宮弁』Ⅰ、六九八―六九九頁）と主張する。その理由は、伊邪那岐命が天照大御神に授けたのが珠であったこと、三貴子の出生順と三種の神器の列挙順とを一致させること、鏡が赤い太陽より白くて丸い月に似ていることなどにあるが、さらにこれを裏づける二つの『古事記』の記述を挙げる。一つは、「天石屋戸之件」で天照大御神に鏡をみせて「汝命に益して貴き神坐す[16]」といった言葉である。鏡は天照大御神にみせた物であるから天照自身ではありえず、逆の「夜之食国をおもへとの御さとし物」（『古事記燈大御宝之件』、Ⅰ・三三六頁）であるという。もう一つは、天孫降臨に際して、天照大御神が「此れの鏡は、専ら我が御魂として、吾が前を拝くが如伊都岐奉れ」[17]といった言葉である。御杖によれば、ここで「我が御魂として」や「如」と記されているのが重要で、「日神を招きたてまつらんには月神をはやかて日神の御魂と心え、日神の御前にをろかむかことく月神をはいつきまつれとの心」(同前、三四四頁)が示されている。つまり、高天原への偏りを排したように、月神を通して間接的に日神を祀ることに意味があるとする。だから、三種の神器も「鏡は珠をいつかむかための御をしへにて第二にはならへたまへる」(同前、三四〇頁)のだという。これらの「倒語」的解釈によって御杖が説くところは、「かれか欲よりかなたにわか領すへき所ありとしる」(同前)というように、みずからの欲望を抑圧するのではなく、「直はせて極にうなかせ」(同前、三四二頁)るという先にみた「欲」の処置ということになる。

天孫降臨の記述についても、御杖は常識に反する奇異な解釈を提示する。彼は「大八島」を身体のアナロジーで解釈しているが、邇々芸命が天降った筑紫は身体に配すると「陰処」にあたり、「高千穂のくしふるたけ」は「陰核のさとし」であるという。天孫の降臨は『古事記』初めに出てくる「葦牙因萌騰之物」を改めて詳説しているのであり、「陰核のことき人欲に因る時はそこより諸の妙事は生する物」(同前、三六一頁)であることを教えている。また、邇々芸命に随伴する天忍日命や天津久米命も、その武具とともに「人欲を達する事を男女交接のことわりをもてさとし給ひしもの」(同前、三六三頁)だという。このように天孫降臨を性的イメージを媒介にした身体的アナロジーによって解釈した御杖は、さらに、天照大御神を天皇家の皇祖神であるとする通常の考えを、「皇御祖とせし神書の詞のうへに眼を奪はれて」（『伊勢両大神宮弁』、Ｉ・六九一頁）理解してはならないと否定し、神武天皇の先祖も天照大御神ではなく単なる「つくしの魁首」（『神道大意』、Ｉ・九〇三頁）にすぎないと断言して憚らないのである。そして、この「つくしの魁首」の子孫である神武天皇は、皇祖神としてではなく、「御世々々天下をうつくし」（『伊勢両大神宮弁』、Ｉ・七〇〇頁）んで天照大御神の「御心」を受け継いだと主張する。こうした神武天皇による天照大御神の祭祀を踏まえて、御杖はみずからの神道普及の戦略を考えていく。そこで着目されたのが伊勢神宮の斎宮制であった。

『古事記』では、崇神記の豊鋤比売命（とよすきひめ）、垂仁記の倭比売命（やまとひめ）の分注に伊勢大神宮を「拝き祭りたまふ[18]」と記されているだけである。しかし、『日本書紀』には「百姓流離（さすら）へぬ。或いは背叛（そむ）くもの有り。其の勢、徳を以て治めむこと難し[19]」と考えた崇神天皇が、天照大御神の神勢を畏れ「共住」を不安に思い、豊鍬入姫（とよすきいりびめ）に託して天照大御神を笠縫邑に祭り、さらに垂仁紀には垂仁天皇が倭姫命に託して鎮座する場所を求めてついに伊勢に鎮座し[20]、その神宮の辺に斎宮を建てたことが記されている。御杖は、「共住」は天孫降臨の際に天照大御神が指示したことであるのに、天皇が「共住」を不安に思ったなどということは「私意」（『伊勢両大神宮弁』、Ｉ・六八四頁）でしかなく矛盾しているといい、『日本書紀』の伊勢鎮座の理由づけを否定する。そして代わりに援用されたのが『倭姫命世記』である。

そこには、天照大御神が最終的に伊勢で鎮座するまでに、諸国十九箇所に遷座し、各地で二ヵ月から八年も奉斎していることが記されている。これらの記述から、御杖は、「同殿共床」（共住）とは神武天皇による教えが、九代開化天皇までは宮中のみに秘められていたことを意味し、十代崇神天皇のときに初めて民間へと知らされ、其の役割を担ったのが斎宮（斎王）であり、諸国遷座は教えの天下流布のためであったとみなす（同前、六八九―七〇三頁）。鎮座期間の長短は諸国の人々が教えを悟るまでに要した時間の差によるものであり、「斎宮はこの御国人ともの心を流離せしめすそむからしめむかため」の「治国平天下に第一の密策」（『止波受鶖多理』、I・七六一―七六二頁）ということになる。一見あたかも天皇みずからが天照大御神を祭ることができないから「御かはりに斎王をたて」たかのようであるが、それはうはべだけであり、斎王こそが「神道の教主」であり、「畢竟天照大御神のうつし御身そと心うへき」（『伊勢両大神宮弁』、I・七一六―七一七頁）なのだという。そして、斎王が皇子ではなく未婚の皇女のなかから選ばれる理由を次のように述べる。天照大御神が女神であるからと単純に考えるのは誤りで、それは衆人に教え諭し荒ぶる悪しき人どもを言向けるには男より女の方が勝るからだ。だから、皇女のなかでもことに「御かたちすくれよく人の和すへき」（『止波受鶖多理』、I・七六一頁）皇女を選び任命している、と。先に「人欲」を「妙事をうむ母」と表現していたことからもわかるように、人欲の生成過程における「母の根源的産出力」[21]こそが、御杖の神学の核心だったことの表れであり、教の普及者として女性性が選び取られた所以である。伊勢神宮を天皇家の宗廟、天照大御神を皇祖神とする見解を否定した御杖によって初めて、広く人々を教化する存在として斎王は見出されたのである。

おわりに

京都という都市の知識人社会に生まれ育った富士谷御杖の思想は、同じ京都という都市空間で、十七世紀後半に儒学を「個」の学問から「人倫」の学問へと転回させた伊藤仁斎の古義学と、人間の関係性を重要視する点で、いくぶん共通する性格を有しているように思われる。しかし、仁斎が「個」をあくまで朱子学的「窮理持敬」において捉えて挫折し、そこからの脱出に苦闘し「人倫」の学へ向かったのと異なり、御杖は、朱子学的な禁欲の倫理では制御しがたい人間の「欲望」をどのように処置して心の安定を獲得すべきかという問題に直面し、人と人の関係によって規制される人間の「深層」意識の解明に向かった。[22]

十八世紀末から十九世紀初頭にかけて、江戸時代の文化が爛熟を極めていくとともに、幕藩制社会の動揺を克服するために、幕府や諸藩は、倫理的規範の強化を図って身分秩序の維持に努めたが、しかしそれは、御杖によれば、むき出しの身体的欲望（「利欲」）に加えて、さらに「忠孝」という精神的欲望（「名欲」）の「力くらへ」（『神道挙要』、Ⅰ・八七三頁）を増大させることになった。こうして「上下」ともに「きそひ心」が強くなって互いに他者を攻勢し、「五倫」の道が乱れたため、おおかた「世の融通」が滞り、賢愚・貧富の格差がますます拡大しているという(『止波受鶩多理』、I・七六三頁)。「四海泰平をたのしむ時」(『大旨』、I・八六頁)に、御杖は早くも秩序の崩壊の兆しを感じていたのである。[23]

すでに文化元年(一八〇四)の『開国論』でも、国産の増大にもかかわらず藩財政が困窮していく「国なきにひとし」い状況を指摘したうえで、「上下の風俗よからす、上下和せす、国民恨をいたく」危機的状況を「人ありてなきにひとしからすや」と述べ、この考えに至ったのは、「わが家ありてなきか如く人ありてなきか如くなる事にあひたるより会得したるなり」(I・二四七頁)と語っている。若くして両親を失い、柳川藩の京都留守居役という責任の重い家業を受け継ぎ、しかも、伯父の皆川淇園などを介して、身分を超えて能力を競う知識人社会に生きたことがこうした危機意識を生み出した一因であろう。[24]『古事記燈』以来、繰り返し説かれた「渾沌の弊」の社会的実態はまさにこのような事態を指していたといえる。御杖の神学は、「言霊倒語」論を武器にして、この社会的秩序と人間の内面を破壊しかねない「人欲」を如何に処置し人々の心に安定をもたらすか、その方法を一貫して追究していったのである。そしてその結果、宣長の『古事記伝』によって完成をみた『古事記』解釈は、まったく解体され、新たな方法と体系で捉えられるに至った。しかしながら、この過剰なまでに人間の欲望にこだわり、深層的で重層的なメタファーを駆使して「神典」

を解読した御杖の神学は、あまりにも難解で奇異な議論であったため、「心の機制」としてその時代の人々と共有できる公共性をもちうるものではなかった。それどころか、国学が隆盛した幕末維新においても、彼は半ば忘れられた存在であった。

しかし、こうした御杖の神学は、大正から昭和初期にかけて活躍した自由主義的な思想家・土田杏村によって、日本における最初の神話学として高く評価されて以来、一部の研究者によって注目されるようになっていった。御杖の神学は、現代の目からすれば、近代日本の倫理学の先駆的形態として和辻哲郎の「人倫の学」につながっていき、それがさらに、一方で、木村敏の日本人の精神病理の解明にかかわっていくと同時に、他方で、坂部恵の「仮面＝ペルソナ」の研究に継承されているといえる。(25) そこに、二十世紀の学問・思想の動向、神話学・倫理学・精神分析学・哲学などの先駆としての早すぎた試みの悲劇をみる思いがする。

＊『新編富士谷御杖全集』（思文閣出版、一九七九〜一九九三年）および『本居宣長全集』（筑摩書房）からの引用は、書名、全集巻数（ローマ数字で表記）・頁数の順で、本文中に記載した。前者には、読点を加えたところがある。

註

（1）　坂部恵『仮面の解釈学』（東京大学出版会、一九七六年）、磯部忠正『「無常」の構造』（講談社、一九七六年）、

尼ヶ崎彬『花鳥の使』(勁草書房、一九八三年)、鎌田東二『記号と言霊』(青弓社、一九九〇年)、川村湊『言霊と他界』(講談社、一九九〇年) など。

(2) たとえば、村岡典嗣『日本思想史研究』第四 (岩波書店、一九四九年) 一二八頁参照。

(3) 『万葉集 三』(日本古典文学大系6、岩波書店、一九六〇年) 三五一頁、三五三頁。

(4) たとえば、『百人一首燈』の草稿本では、「表・裏・境・神」という項目を設けて詠歌の過程を詳細に明示しようとしている。晩年に刊行された『万葉集燈』では、語義注釈の「言」と言外に込められた「霊」に分けて解釈している。

(5) 桜井進「皆川淇園」(『皆川淇園・大田錦城』叢書日本の思想家二六、明徳出版社、一九八六年、第七節) 一二六頁参照。

(6) 武内義雄「日本の儒教」(『易と中庸の研究』岩波書店、一九四三年)、子安宣邦「「誠」と近世的知の位相」(『現代思想』一〇巻一二号、青土社、一九八二年)、宮川康子『富永仲基と懐徳堂』(ぺりかん社、一九九八年) 第四章参照。

(7) 『日本書紀 上』(日本古典文学大系67、岩波書店、一九六七年) 二一四頁。

(8) 同前、頭注。

(9) 注意すべきことは、御杖が『万葉集』にある「韓言 (コトサヘグ)」は「きく人の情をさふるいひざまをいふにて、この真言の反なり」(『北辺随筆』、Ⅱ・五四九頁) として、「大御国言を韓語言に混ずまじき事」として、「真言」と「直言」の区別に国レベルの意味を読み込んでいることである。なお、西郷信綱は「アギトフとの対比で考えればマコトは文字通り「真事 (言)」であり、真にことばらしいことばと解することもできる」(『古事記注釈』第二巻、平凡社、二四一頁) と接頭語を超えた意味をみている。

(10) 文化二年 (一八〇五) の稿本では、「天地初発」の「天」は「上たる位」、「地」は「下たる位」をすべて

「濫在」(『古事記燈三』、I・一五三―一五四頁)したもの、換言すれば「五倫を天地におしこめて上下にはかりわけて」「簡約」化したもので、「初発」とは「上たるものは上たるをたのみて下に私する事なく、下たるもの上をかろしめ蔑にしてをかす事なき」(同前、一五六頁)という人倫を「さとし」たものだと解読している。当時の平凡な「わか国風」の「天地」解釈を中心に五倫道徳が説かれており、二年後に脱稿する『大旨』に至る間に進展があったことがうかがえる。

(11) 上代には、こうした二元の「渾沌の敝」(『古事記燈巻一』、I・一一五頁)を、神功紀が記すように「阿豆那比之罪」と呼んだのだという。『日本書紀』には、二社の「祝者」を合葬したことにより「常夜行く」状態が続いたことが記されている。同じく「阿豆那比之罪」に注目した国学者の橘守部は、そこに「幽顕の隔」を犯す罪を読み取り、実体的な「幽冥界」への畏怖の念を説いている(『神代直語』、II・三二五頁ほか、本書第三章)。両者の発想の共通性とともに、御杖の解釈の特異さが浮かび上がってこよう。

(12) 城戸幡太郎はこの事例を挙げ、御杖の「象徴的神話学は現代におけるフロイト流の精神分析的神話学よりも合理的な解釈である」と高く評価するとともに、「象徴的及び合理的神話学はややもすると牽強付会に陥り易いように、御杖の解釈にもかかる傾向が認められる」(『心理学問題史』岩波書店、一九六八年、一三九頁)と批判している。

(13) 『古事記・祝詞』(日本古典文学大系1、岩波書店、一九五八年)六七頁。御杖は、「患ひ惚む」を「ウラフレン」と訓んでいる(『大旨』、I・四四頁)。

(14) 拙著『宣長神学の構造――仮構された「神代」』(ぺりかん社、一九九九年)第五章参照。

(15) 誓約の際、十拳剣を三段に折ったり、ひれを三度振って難を逃れるなどの「三」も同様の「さとし」だとしている(『古事記首』、I・一三九頁)。ほかに照応する言葉として、「身」「葦」「天浮橋」「剣」「八」等を挙げている(『大旨』、I・七八―七九頁)が、「三」はそうした照応を超えて、原理的な意味を担っている。

(16) 前掲『古事記・祝詞』八三頁。

(17) 同前、一二七頁。

(18) 同前、一七九頁、一八九頁。

(19) 前掲『日本書紀 上』二三八頁。

(20) 「常世の浪の重浪帰する国」である伊勢は、「常世」を宣長と同様に「海外の国をひろくさす名」(『伊勢両大神宮弁』、I・七〇五頁)と解する御杖にとって、「外蕃の船」が到来する場所であるゆえ、国防の要となる場所と意識されている。国内だけでなく対外的な安定を想定して斎宮論は展開されているのである。

(21) 鎌田東二「深層的次元としての言霊」(『神道宗教』一一四号、一九八四年)六八頁。

(22) 鎌田東二は、国学は三つの外部と直面するとして、空間的外部(外国・異文化)、時間的外部(始原と終末)、認識の外部(他界・神霊界・神霊)を挙げ、三つの外部と出会った国学者の意識形態を「国学の不安」と呼び、国学はその不安を「自己治療(=浄化)しようとする学道」だとしている(『異界のフォノロジー』青土社、一九九〇年、一一四―一一五頁参照)。御杖の不安は第三の「認識の外部」ともいえるが、平田篤胤や橘守部の幽冥界と区別すると、第四の「意識の外部(=無意識)」との出会いということになろう。

(23) 鈴木暎一の「富士谷御杖の思想についての一考察」は、御杖の思想を時代状況のなかで捉えた数少ない貴重な論考である。鈴木は社会的・道徳的規範が「動かすべからざる重圧として存在」していた時代にその社会的重圧の下で「心の内なる声」の生かし方を思索した国学者として御杖を位置づけている(『日本思想史学』七号、一九七五年)が、しかし、むしろ人倫的秩序の崩壊への怖れが「深層」意識への探求に向かわせたと考えるべきであろう。

(24) 宗政五十緒「京都の文化社会――『平安人物志』化政版と京儒」(林屋辰三郎編『化政文化の研究』岩波書店、一九七六年)参照。

(25)　土田杏村「御杖の言霊」(『国文学の哲学的研究』第一書房、一九二七年)、和辻哲郎『面とペルソナ』(岩波書店、一九三七年)、木村敏『人と人との間』(弘文堂、一九七二年)、および註(1)の文献など参照。

第6章 富士谷御杖の「斎宮」再興論

はじめに

近世後期の異色の国学者として知られる富士谷御杖（一七六八―一八二三）は、みずからの神学の一つの到達点として、後醍醐天皇の代より廃絶されている伊勢斎宮（斎王）を再興し、斎宮をもって神道の「教主」とする説を展開している。この「斎宮」再興論は、御杖に改名する文化八年（一八一一）以前の成元時代に刊行された『古事記燈大旨』（一八〇八年刊。以下、『大旨』）にはみられない主張であり、「富士谷御杖著」の署名がある『伊勢両大神宮弁』および文化十年（一八一三）八月の識語がある『止波受鴛多理』に主に述べられている。両著は、御杖の多くの著作同様に、刊行されることなく門人のみが知るところであり、「斎宮」再興論も実現可能性のみならずそれに向けての行動に至ることもなかったが、決してたんなる自説の「権威づけ[1]」として片づけられる性質のものではない。というのは、御杖は「言葉の時代から行動の時代へとうつりかわるその臨界点[2]」に際会した人物であり、非現実的であろうとも「斎宮」再興論は、彼の古道論の論理的必然性をもった運動論として位置づけられるからである。

本章の課題は、これまで重要視されることのなかった御杖の「斎宮」再興を中心とする伊勢神宮の「祭祀」論の意味を解明し、彼の神学の一つの帰結を提示することにある。それは、言語・文学論や哲学論に傾きがちな御杖研究に対し、彼の学が古典の解釈という方法による解釈学であることを再確認することでもある。[3]

一

本居宣長の『古事記伝』に対する最もラディカルな批判の書の一つである『大旨』は、「上巻非史辨」と題して書き始められている。御杖にとって『古事記』上巻は、日本の始原や皇統起源譚を語る歴史書ではなく、日本の統一者である神武天皇が生み出した「心法」（神道）を記す教えの書であった。神武天皇は、天照大御神の神勅や血統によって初代天皇となったのではなく「一方の魁首」（『大旨』、I・四五頁）の子孫にすぎず、みずからが考案した「心法」によって地域に割拠する豪族＝「魁首」を服属させ、天下を平定に導いたのだと主張する。「此上巻はうたがひなく神武帝の大御身のうちなる御神だちと、天下衆人の身中なる神との、やごとなき道をとき給ひしにて、此御神さびより此大御国をことむけやわしたまひし事」（同前、四八―四九頁）は明らかだというわけである。御杖にとって「神」とは、人間の欲望のメタファーであり、「やごとなき道」は身中の神（欲望）に「道」を与えること、つまり欲望の安置を可能にする「心法」を意味しており、神武天皇は人々を苦しみから救済することによって社会に秩序をもたらしたというのである。日本国家の支配の原型は、そうした「心法」を編み出した神武天皇の世に築かれたとみなし、そこから独自な神道論を構築しようとする。『古事記』上巻がどのような「倒語」的解釈によって「心法」の解明へと導かれたかについては前章でまとめた通りであり、[4] その「教え」を神武天皇が具体的にどのように活用し、地方の豪族を服従させたかについて考えてみたい。

御杖は、『日本書紀』に記される「吾必ず鋒刃（つはもの）の威を仮らずして、坐ながら天下を平けむ[5]」を傍証としながら、「この帝の御巻、おほくの魁首どもの帰したるかたちの、さばかり手いたきたゝかひともみえざるに明らか」（『大旨』、Ⅰ・四九頁）だとして、神武天皇の天下平定は主に武力による征服ではなかったことを強調している。では、具体的にどのようにして成功を収めたのかといえば「御教をよにたれんために、国々に社を設けて、天神地祇をまつられ、その義を、物にやどしわざになしてさとさせたまひしなるべし」と、神社の祭祀によったという。実際、神武紀には、天神地祇を祭って遂に天下を安定させることができたとの記述がみられる。[6] 上巻を「言霊」の書とし比喩的に解釈する御杖は、神勅や血統をそのまま信ずることはしなかったが、中巻以下は「実録と言霊」（同前、五〇頁）とが混えて記されているとし、神武天皇の天下平定が神社の祭祀によったという記述を史実として肯定する。しかし、彼の特異さは、それを日本の神々の宗教的加護の結果だと読まない点にある。

御杖は、「義を文字に寓するも社に寓するも、たゞおなしわざ」（同前、四九頁）で、文字なき時代である神武朝では「心法」の教は神社を寓意として伝えられたという。「神典」が日本国を「大八島」としたのも、人間の身体の八所である「頭胸腹陰左右の手足に配したる物」（『古事記燈神典』、I・八六一頁）のメタファーであり、国々の社は身中の神々（欲望）を斎くことを教えているとみなしている。神典も神社も「神道のやとし物」（『古事記燈大御宝之件』、I・三三九頁）であり、ひとえに人々が「心法」を忘れないための象徴としての意味をもつと考える。さらに、御杖にとっては、神典や神社のみならず神宝や儀礼も、超越的な宗教的存在を背後にもつものではなく、あくまで神武帝が考案した「心法」を人々に浸透させるための手段として位置づけられている。たとえば、伊勢神宮の遷宮時に、宝物に布を掛けることなく人々がみえるようにするのもそのためであり（『北辺随筆』II、六四九―六五一頁）、その点が、中国の「伝国璽」のような秘められた宝物とは大いに異なるという。御杖が「倒語」的解読によって語る「心法」の思弁的難解さは、他方で、神武天皇の教えが社会的慣行によって無意識下で浸透していく性格をもつものであることによって補償されていくはずのものであった。

さて、ここで一つ確認しておきたいのは、御杖が祭祀を宗教的信仰のレベルで捉えることを是としなかった所以である。宣長の『古事記伝』によって『古事記』の重要性に開眼させられた御杖が、隔靴掻痒の思いを懐かざるをえなかったのは、「しうねく、ねぢけたるさが」（『大旨』、Ｉ・三九―四〇頁）によると自嘲的に語っているように、「神代の事跡」の不可思議さをそのまま受け入れることができない、ものごとを徹底的に合理的に考える性癖のためであった。それゆえに、「物はかなくめゝしき」心に素直になることを理想とする宣長の「真心」的人間像がもつ受動的感受性を受け入れることができなかったのである。御杖も国学者のいわば通有である歌論から神道へという歩み方をしているが、初期歌論『真言弁』（文化初め頃成立）時点で獲得されていた「言霊」論自体が、歌の言葉に心情の発露といった直接性をみることを否定し、「表裏境」という屈折構造を提示するものであった。「もののあはれ」という共感的世界が従順で受動的な人間像を想定しているのに対し、人と人との間に欲望の相互性をみた御杖には批判的で能動的な人間像が想定されている。そうした人々への対応が前提されているからこそ、神武天皇の考案した「心法」が現代でも有効性をもつと考えるのである。

御杖にとって、神話は宣長同様に祭儀とパラレルな関係にあり、生きた神話であることが必要であったが、しかしそれはもはや宗教上の問題ではなく、人々の現世における精神的な救済を追求する方策となっていた。こうして御杖は自らの「心法」普及の戦略を考えていく。

二

神武天皇による神社祭祀に端を発しながら、御杖が最も重視するのが『大旨』では触れていない伊勢大神宮の祭祀の問題である。『古事記』は、崇神記の豊鉏入比売命、垂仁記の倭比売命の分注に伊勢大神宮を「拝祭」[7]したと記すのみで起源譚は記されていない。しかし、『日本書紀』には崇神天皇が「百姓流離へぬ。或いは背叛くもの有り。其の勢、徳を以て治めむこと難し」と考え天神地祇に「請罪」し、今まで宮中に祭ってあった天照大御神と倭大国魂神の神勢を畏れ「共住」を不安に思い、豊鍬入姫に託して天照大御神を遷座し笠縫邑に祭ったこと[8]、さらに改めて垂仁天皇に託された倭姫命が再び鎮座する場所を求めて菟田筱幡・近江国・美濃を経て伊勢に至った際に、天照大御神の「是の神風の伊勢国は、常世の浪の重浪帰する国なり。傍国の可怜し国なり。是の国に居らむと欲ふ」との言葉のままに祠（神宮）を建て、その辺に斎宮（磯宮）を建てたことが記されている[9]。御杖は、この神宮起源譚のうち天皇が「共住」を不安に思ったなどということは後世の「私意」（『伊勢両大神宮弁』、Ⅰ・六八四頁）でしかないと批判する。治世の乱れに「徳」をもって治めることの限界をみた崇神天皇が天神地祇に謝罪し、「神勢」を畏れ遷座に至るわけであるが、前段と遷座との関係は必ずしも明確なわけではない。神勅である「共住」が「不敬の罪」（同前）と考えるのも、またそのため世が乱れたとするのも、九代までには一切そうした記述がみられないのであるから、説得性がなく不合理だと御杖が批判するのも無理からぬところである。彼が主張する如く、神勅に基づく祭祀を崇神天皇が覆す理由にはなっていない。そこで御杖は、記紀では解明できない伊勢神宮創建の問題を中世の神道書に探るなかで、新たな意味を付与するのである。その際援用されたのが、伊勢神道の教典である神道五部書の一つ『倭姫命世記』である。

『倭姫命世記』は、天地開闢時の豊受大神（御饌都神）と天照大御神（大日孁貴）の「幽契」が付加されるなど外宮の神官によって捏造されたものだとして、吉見幸和らによって偽書と断定された書である。御杖も偽書であることを認めているが、しかし、初めや終わりの部分は虚飾だとしても、中間には伊勢神宮内部にだけ遺された貴重な古伝承が記されているとみなしている。遷座の理由については、『倭姫命世記』もほかの神道書と同様に、『日本書紀』に依拠し「共住不安」とする記述を採用しているだけだが、伊勢に鎮座するに至るまでの詳細な記録と外宮の起源譚が記されている。御杖は、そこに注目して遷座の理由を探ろうとする。(10)

『倭姫命世記』も遷座のスタートが倭の笠縫邑である点については、『日本書紀』と同様である。しかし、『日本書紀』が笠縫邑に続き三箇所の遷座をたんに通過しただけの如くに簡単に記すのに対し、『倭姫命世記』には十九箇所において二年から八年の長期にわたって奉斎していること、第二回目の遷座時に豊受大神が天降り「御饗」を奉ったこと、豊鍬入姫命から倭姫命へのバトン・タッチが垂仁朝ではなく崇神朝の時とされていること、さらに豊受大神の遷座についても記されていることなど、相異なる記述がみられる。これらを『日本書紀』が省略したか、あるいは知りえなかった史実として、御杖はみずからの考えを進めていく。

まず彼は、諸国遷座は「天下に此神道の御教を垂させ給」(『止波受鶖多理』、I・七四一頁)うためであったと主張する。鎮座期間の長短は諸国の人々が教えを悟るまでに要した時間の差によるものであり、斎宮は「治国平天下には第一の密策」(同前、七六二頁)だという。つまり、天照大御神との「同殿共床」とは神武天皇による教えが、九代開化天皇までは宮中のみに秘められていたことを示し、十代崇神天皇の時代に初めて教えを天下に知らしめて、流離し叛く百姓を治めようとしたのだとみなすのである。そして、「同殿共床の罪」により遷座したかのように『日本書紀』に記されているのはレトリック(御杖の語法では「倒語」)で、天下安定のため崇神天皇が慈愛の心で教を流布したとすればみずからの「御徳」を衒うことになるので、「同殿共床の罪」を謝すために宮外に天照大御神を祭ったとの表現がなされたと解釈する。御杖によれば、今の世で「敷島の道」といえば狭く「歌道」のことだと理解されているが、本来は「神道」を意味している。というのは、崇神天皇の代になって初めて人々が教えを知ったので、天皇の大宮処名「師木(磯城)」をとって「神道」のことを「敷島の道」と呼ぶようになったからだという。このように崇神天皇の時代は神道史上に画期的な意味をもっているとされる。

次に御杖が『倭姫命世記』で注目するのは、記紀にはまったく記載のない豊受大神の鎮座についての記述である。豊受大神は、火神出生のため病んだ伊邪那美命の嘔吐物に生まれた和久産巣日神の子・豊宇気比売（とようけひめ）神のことであり、一般に御饌都（みけつ）神・大宜都比売（おおげつひめ）神・倉稲魂（うかのみたま）神・保食（うけもち）神などと異名同神の食物神とされている。[11]『世記』は、この豊受大神が崇神天皇三十九年に丹波国に天降ったことを記すばかりでなく、二十一代雄略天皇の二十一年に天照大御神が「吾一所」のみでは「御饌」もままならないので丹波国に坐す豊受大神を迎えることを倭姫命に夢告し、遂に度会の山田原に鎮座することになったことを記している。後段の話については、『外宮儀式帳』（延暦二十三年〈八〇四〉）にも雄略天皇の夢告として、同様のものがみられる。そこで御杖は、『倭姫命世記』にみられる豊受大神の丹波への天降りが雄略朝の夢告と附合するとして、信憑性を主張するのである。これで、内宮のみならず外宮の起源譚にも遷座の史実があったことになる。近世の伊勢神宮の「内宮は宗廟にまきれ、外宮は御炊女のことく」（『伊勢両大神宮弁』、I・七二三頁）なった現状を嘆く御杖は、ここから「さとし物」としての両宮に新たな意味づけを行なっていく。

先に述べたように、御杖は天皇が天皇たる所以を天照大御神との血統にあるとはみていないので、当然、伊勢内宮は天皇の祖先を祭る「宗廟」などではなかった。また、御杖と違って血統説を採る宣長にとっては、天照大御神は高天原に今も坐す神であり、かつ人々を照らす太陽であったから、すでに崩御した神の如く説く漢風の「宗廟」的理解は否定すべきものであった。このように、御杖と宣長では伊勢内宮に祭られている天照大御神の解釈は決定的といっていいほど大きく異なっているにもかかわらず、天照大御神をたんに天皇家にかかわる神格でなく、より広汎な人々が信仰する対象として捉えていこうとする点に共通するものがある。そこには、近世中期以降の「おかげ参り」の影響があるように思われる。さらに宣長は、吉見幸和が豊受大神を天孫降臨の際の臣列である「膳部神」とみなしたことへも批判を加えているが、[12] 宣長の伊勢神宮論があくまで神々の実在の問題として議論されていたのに対し、御杖は神々の象徴性を問題にして、次のように独自な解釈を展開する。

彼は、「神代」の物語に食物のことやさまざまな食物神が登場するのは、「食はもと人命をつつくるもの」だからであり、「長く保ち久しく絶さらむことのさとしに命をいひ命の元なる食をいふ」（同前、七一三頁）のだと述べている。そのなかでも豊受大神は「食・命」を総括的に表象する人格神と捉えられているが、御杖の特異さは、そこに止まらないところにある。彼は、伊勢への鎮座を記した『日本書紀』の垂仁二十五年の分注として記される異伝に注目する。そこには、倭大神が大水口宿禰に神懸かって、先の崇神天皇の祭祀は「微細しくは未だ其の源根を探りたまはずして、粗に枝葉に留めたまへり。故、其の天皇命短し。是を以て、今汝御孫尊、先皇の不及を悔いて慎み祭ひまつりたまはば、汝尊の寿命延長く、復天下太平がむ[13]」といったことが伝えられている。『日本書紀』では、崇神天皇は百二十歳、垂仁天皇は百四十歳で崩御したと記されているのであるから、両者の寿命の差はわずか二十歳でわざわざ「短命寿命延長」として取り上げるほどでない。それにもかかわらず、こうした記述がみられるのは、「実の命の事にあらさる證」（同前、七一四頁）なのであり、結局「命」も、「食」が実際の食物ではないのと同様に、「さとし物」なのだという。では、いったい「命」や「食」をメタファーとして何を「長く保ち久しく絶さらむこと」を諭しているというのであろうか。

御杖は、『日本書紀』分注の異伝が記す崇神天皇の祭祀への批判と、『倭姫命世記』や『外宮儀式帳』の豊受大神の起源譚とを結び付けて考える。つまり、『書紀』の異伝は雄略天皇の夢告に「相応」（同前）しており、そこに内宮と外宮との関係が説かれているとみなすのである。確かに天照大御神は尊きなかにも尊い神ではあるが、もし「源根」である豊受大神がいなければ、神宮祭祀は天照大御神一神のみとなり、ただ「枝葉に留」まるしかないのだと解釈する。これが「神道の一大事」であるがゆえに、「倒語」をもって記したのであり、「あらはにいふましき妙理」があるからだという。『日本書紀』の分注が記す異伝は、倭大神が垂仁天皇にみずからの新たな祭祀を求める言葉として記載されているが、そのことを御杖は、崇神天皇が天照大御神のみならず倭大国魂神を遷座したことを無視したように無視し、豊受大神の祭祀へと吸収していったのである。御杖の祭祀論には、「内宮尊しといへとも外宮は内宮の源根にます事をしり、源根かしこしといへとも内宮そむねとますことを思へ」（同前、七一六頁）という両宮による対をなす二元的な祭祀が必要であったといえよう。両宮の相補的関係は、「裏」の「源根」と「表」の「むね」との表裏関係とも捉えることができ、これは、御杖の神学の特徴である深層の「欲」「神」と、表層の「理」「人」という二元の視覚的な表象であったのである。そして、その教の普及者＝「教主」として期待されたのが斎宮（斎王）であった。

三

御杖によれば、斎宮が天皇によって祭祀を託されたからといって天皇みずからが天照大御神を祭ることができないから「御かはりに斎王をたて」たかのようにみなすのは、ことの表面に囚われた大きな誤りであるという。「御杖とも御杖代ともとなへられ」た斎王（斎宮）こそが「神道の教主」であり、「畢竟天照大御神のうつし御身そと心うへき」（同前、七一六―七一七頁）なのだと主張する。伊勢神宮を天皇家の宗廟、天照大御神を皇祖神とする見解を否定した御杖は、斎王を宗教的な「祭主」ではなく「心法」の「教主」として見出しているのであるが[14]、ここであえて「天照大御神のうつし御身」というのはなぜであろうか。

周知のように、斎宮は皇子ではなく未婚の皇女のなかから選ばれていたが、その理由を御杖は次のように述べる。天照大御神や豊受大神が女神であるからと単純に考えるのは誤りで、それは衆人に教え諭し荒ぶる悪しき人どもを武力をつかわずに「言向け」るには女の方が勝るからであり（『止波受鶩多理』Ⅰ、七六一頁）、それゆえに、皇女のなかでもことに「御年わかく御かたちすくれさとくかしこくおはします」（『伊勢両大神宮弁』、Ⅰ・七一八頁）皇女を選び任命している、という。それは『倭姫命世記』に、倭姫命を「生而容貌甚麗、幼而聡明叡智、意貞通神明」と描写されていること、『日本書紀』崇神紀に、倭大国魂神を祭った渟名城入姫命（ぬなきいり）の髪が落ち痩せたため祭ることができなくなったと記されていることなどから導き出された見解である（同前）。また、斎宮発遣儀礼の一つとなっている「別れの櫛」（天皇自らが群行出発に際して斎王の髪に櫛を挿す儀式）も、後世は「実事をうしなひて儀のみ」が残ったが、櫛が髪の乱れを梳くためのものであることから、「神道のすちをたつることのたとへに用ひられた」と主張する。賀茂斎院にはなく伊勢斎宮にだけ記される「別れの櫛」の儀礼は、とりもなおさず「神の道をときて衆人にをしへさとし給へと帝その御さとしに御手つから斎王の御額にさし給ふ」（同前、七二二頁）のだと解釈する。

こうした斎宮や伊勢神宮の意味については、「これいと深き御たはかりある事」（『止波受鶩多理』、Ⅰ・七六一頁）だというが、この「たはかり」については、神宮に関する言説であるのを憚ってか、黙して語ろうとはしない。けれども、「斎宮はこの御国人ともの心を流離せしめす、そむかさらしめむかため」（同前、七六一―七六二頁）というように、神武天皇の発明になる天下安定の方法である「心法」が時代の要請に応じて次第に顕現し完成していくために、斎宮は不可欠な存在なのである。

そうした「心法」としての「神道」をみずからの解読により千年の眠りから覚ましたと自負する御杖は、後醍醐天皇の世を最後に廃絶されている斎宮制が再興されることを強く希求する。なぜなら、彼は今の世が「上下ともきそひ心つよくかたみに非をせむる事常にて、五倫の間うるはしきはいとすくな」（同前、七六三頁）く「忠孝とこそいへ畢竟は力くらへ」（『神典挙要』、I・八七三頁）でしかないというように、身分の上下にかかわらず、すべての人が競争心に駆られ、相手の欠点を非難し、道徳も競争の手段と化するような殺伐とした状況を克服するには、斎宮による教化が何よりも必要だと考えたからである。

また彼は、鎮座の所として選ばれた伊勢は、『日本書紀』では「常世の浪の重浪(しきなみ)帰する国」とされているが、それを「海外の国より時々舟をよせ来て、ともすればわか御国にあたみたる処」（『伊勢両大神宮弁』、I・七〇六頁）であったと捉えている。御杖は宣長同様に、「常世」は「常夜」であるとし、「他域の風俗はみな常夜なるか故に、海外の国をひろくさす名」（同前、七〇五頁）であり、「世」という字に惑い「蓬莱」（ユートピア）だとするのは間違いだと主張する。したがって、「常世の浪の重浪帰する国」である伊勢は、それに続く「傍国(かたくに)の可怜(うま)し国なり」とともに国覓(くにまぎ)の言葉であるが、その意味するところは、国内の安定を達成した後に「外蕃のうれひを防かせ給ひし」との天照大御神の「御誨」であったとする。つまり、伊勢の人々に天皇の「御うつくしみ」を知らせておかないと、外国が攻めてきたとき対抗しうる力となりえないと危惧しているのである。御杖は、「傍国の可怜し国なり」をたんなる誉め言葉として読むことを拒否し、対外的な緊張関係における日本国の防衛のあり方につなげていこうとしている。御杖が生きた時代は、寛政四年（一七九二）のロシア使節ラックスマンの根室来航をはじめ、文化五年（一八〇八）にはイギリスのフェートン号事件が起こるなど、欧米列強の日本への接近が現実の脅威となりつつある状況を知識人が強く意識せざるをえなくなってきた。

そうした国内的にも対外的にも困難に直面する日本の現状のなかで、御杖は「神道の教主」として斎王の人心教化力に期待し、「斎宮」再興論を提唱したのである。文化六年（一八〇九）の伊勢神宮式年遷宮の年に、御杖も参詣しており、おそらくこれを契機に「御杖」と改名し、「斎宮」再興論を唱えるに至ったのであるから、この時期は彼の一つの思想的転機であったといえよう。[15]そして、文化十年頃、門人の室谷賀世宛の書簡には「上古教主たりし斎宮再興の宿志此節専一に罷成候」といっているように、御杖にとって、斎宮制の再興は、自己の神学を実践する緊急の課題として意識されてきたのである。[16]しかしながら、みずからの卑しさと教えの尊さの「尊卑相応せさるか故」（『止波受鶩多理』、Ⅰ・七六四頁）になすすべなく年月を重ねるしかなかった。神武天皇の国内統一における「密策」＝「心法」に、崇神・垂仁両期の斎宮祭祀が加わることによって、初めてみずからが説く「発天地隠身の真理」が現実的な有効性を発揮すると考えたのであろう。それが『古事記』の「神道」に、「心身の持合い」に苦しむ人々の「救済」を求めた神学者・富士谷御杖のいき着いたところであった。

神話を事実性によるのではなく象徴性によって読み解き、人間の現実生活での「心の救済」を説き、斎宮制の再興を提起するに至った御杖の神学は、近世後期という時代を飛び越えるかの如き革新性をもっていたけれども、しかし、そこに「神典」解釈という枠組みでしか思考できない時代の悲劇をみる思いがする。

*『新編 富士谷御杖全集』（思文閣出版、一九七九〜一九九三年）および『本居宣長全集』（筑摩書房）からの引用は、書名、全集巻数（ローマ数字で表記）・頁数の順で、本文中に記載した。なお、傍点は引用者。

註

（1） 多田淳典『増訂 異色の国学者富士谷御杖』（思文閣出版、一九九五年）一八六頁。多田は、「御杖の斎宮再興論は単に自らの教説を権威づける為のものと言うような意味合いのものにまで堕してしまう」（同前）といっている。しかし、御杖の神学は、神武天皇の教えが崇神・垂仁天皇によって天下に流布したというように、神道の布教・実践を重視しているので、斎宮再興論へ発展していくのは必然的な経緯であるといえる。

（2） 佐藤美雪「富士谷御杖の言語論――国学における声と文字」（『シリーズ言語態4 記憶と記録』東京大学出版会、二〇〇一年）一四八頁。また、佐藤が依拠した百川敬仁『内なる宣長』（東京大学出版会、一九八七年）所収「国学・和歌・自然」参照。

（3）スーザン・L・バーンズ「国学の周縁と解釈学の限界——富士谷御杖の『古事記灯』」（『日本学報』一一号、大阪大学文学部日本学研究室、一九九二年）は、御杖の「知」が特定のテクストに対して行なわれた解釈として提示されていることを確認したうえで、国学という言説領域のなかに御杖の「知」を位置づけようとしている。本章も同様の視点に立っている。

（4）初出は、「富士谷御杖の神典解釈——「欲望」の神学」（『季刊日本思想史』六四号、ぺりかん社、二〇〇三年）。

（5）『日本書紀 上』（日本古典文学大系67、岩波書店、一九六七年）二〇一—二〇二頁。御杖の「斎宮」再興論に代表される祭祀論は、『古事記』によってではなく、『日本書紀』や中世神道書を援用することによって展開される。宣長の『古事記』中心主義が、下位のテクストとして他の神道書を包摂していった方法が踏襲されている（拙著『宣長神学の構造——仮構された「神代」』ぺりかん社、一九九九年、第二章「『古事記伝』の方法」参照）。

（6）前掲『日本書紀 上』二一一—二一二頁。

（7）『古事記・祝詞』（日本古典文学大系1、岩波書店、一九五八年）一七九頁、一八九頁。

（8）前掲『日本書紀 上』二三八頁。

（9）同前、二六九—二七〇頁。

（10）宣長も数度の遷座の理由を自問自答しているが、「凡人心に、測知べきことならず」（『古事記伝』、XI・二〇頁）と不可知論で対応している。周知のように、不可知論的態度は御杖の宣長批判の主要な論点である。

（11）『古事記』天孫降臨の段には、随伴する神に「外宮の度会に坐す神」との細注つきで豊受大神の名を挙げている。中世の伊勢神道は、この豊受大神を天地開闢にまで遡らせて天之御中主神や国之常立神と一体化し肥大化させていくところに成立していた。そうした外宮の攻勢のなかで、内宮外宮の祭神論争は、近世においても継続していた。

(12) 宣長の批判は、天孫降臨の段で随伴する神に「現御身」の神と「御霊」なる神との別があることに基づいている。前者のみが「臣列供奉の神」であり豊受大神は後者に属しているとして、天照大御神と比べていずれが尊卑かと争うことは「俗意」(『伊勢二宮さき竹の弁』、Ⅷ・五〇一頁)だとしている。詳しくは、前掲拙著『宣長神学の構造』第三章「神々の実在」参照。

(13) 前掲『日本書紀 上』二七〇頁。

(14) 伊勢の神職を「御師」というのも、かつて「斎王をたすけまつりて教授せし其なこり」(『伊勢両大神宮弁』、Ⅰ・七二〇頁)だといい、伊勢神宮の特異性を指摘している。

(15) 三宅清『富士谷御杖』(三省堂、一九四二年)二三九頁参照。

(16) 彼の「倒語」論の帰結としての斎宮制の再興は、あまりに現実性をもたない提言であった。幕末において、尊王意識が高まるなかで、文久三年(一八六三)に津藩主藤堂高猷が再興を請願し、山田の志士山田大路親彦らが唱導したが、実現することはなかった(『郷土史に見る斎王』斎王商工会、一九三五年、五〇頁)。

第7章　吉岡徳明の『古事記伝略』——国家神道体制確立過程の一齣——

はじめに

明治十六年十月から十九年三月にわたって断続的に刊行された吉岡徳明（のりあき）の『古事記伝略』十二巻（以下、『伝略』）は、明治前期の『古事記』注釈書の代表作の一つに数えられている。『伝略』は、著者自身の例言に「古事記伝を節略して鈴屋大人のいまだ考へ得ずと云置れたることは古史徴並に伝を始めその他古今を撰ばずおのが考といへども如此あらむかと思ふほどは注しつ[1]」とあるように、膨大な本居宣長の『古事記伝』の「節略」を第一の目的とし、それに平田篤胤の『古史徴』『古史伝』などや自説を補足して出版されたものであった。一之巻の冒頭の「本居宣長謹撰」の言葉、その下の「皇典講究所教師・本居豊穎検閲、吉岡徳明恐々略」の言葉からみても、たんに吉岡徳明の個人的著作という意味を越えて、皇典講究所公認の書という意味を有していることは明らかであろう。そのことは巻頭に、本居家の家学を継ぐ豊穎(とよかい)とともに、皇典講究所副総裁・久我建通が序を書いていることからも裏づけられよう。つまり、吉岡の『伝略』は、明治十五年の皇典講究所の設立、ひいては近代国家神道体制の確立過程の検討と不可分な関係にあるように思われる。しかし、現在のところほとんど唯一の研究成果といってよい青柳(阿部)秋生の論文[2]も、徳明の個人的な経歴と思想が説かれるばかりで、『伝略』執筆前に神道界を混乱の坩堝に巻き込んだ「祭神論争」とその一つの帰結である皇典講究所の歴史的性格について、ほとんど何も触れられていない。その意味で、『伝略』はいまだ明治国学史上に正当に位置づけられていないといえよう。

吉岡徳明の『伝略』は、宣長の『古事記伝』が明治の近代社会のなかでどのように受容され、またそこにどういう歴史的意味があるのかといった問題を考える場合、最も重要な研究対象の一つであろう。なぜなら、徳明は『開化本論』(明治十二年刊)や『護国三論』(明治十五年刊)等にみられるように、明治期の国学者のなかでも西洋の近代文明と最も正面から向かい合って格闘し、そこから新たな神道理論を構築しようとした人物だと考えられるからである。本章では、このような問題意識に立って、『伝略』の注釈と内容の特質を、当時の政治的・宗教的なイデオロギー状況を考慮しつつ、解明してみたいと思う。

一

吉岡徳明は、天保元年（一八三〇）に江戸に生まれ幼くして僧籍に入ったが、明治元年（一八六八）還俗して常陸国高田神社の権神主となり、明治六年から十四年まで教導職として神職にあった。その後は丸山作楽（さくら）の創設した忠愛社を始め、後に東大の史料編纂所となる修史館、内務省社寺局に籍を置き、明治三十一年に没している。彼は平田篤胤の著書を読み共鳴したと伝えられており、十数種の著書を残している。そのなかでも代表的なのがこの『伝略』である。しかし、徳明は学者というよりは活動家であり、彼の行動には錯綜した明治前期の政治・宗教状況の反映をみることができ、その点からいっても『伝略』の著者にふさわしいといえよう。

周知のように、慶応四年三月十三日の祭政一致・神祇官再興の太政官布告、同月二十八日の神仏分離令に始まる神道国教化政策は、明治三年一月の「大教宣布の詔」、四年五月の官国幣社・府藩県社・郷村社規則と神官職制規則の布告、神祇官から神祇省を経て五年の教部省の設立、「三条の教則」の布告と教導職・大教院の設置などにより具体化されていった。しかし、表面的には着実にみえるこのような展開も、「信教の自由」の問題や神道思想の多様性と絡んで内実は紛糾していたことも夙に知られている。吉岡徳明も、信教の自由と神仏分離を精力的に説き仏教革新を模索する島地黙雷（しまじもくらい）との間に、明治七年に論争を引き起こしており、それは廃仏毀釈論争としては当時最も華々しい論争であったといわれている。[3] 徳明によれば、黙雷の神仏分離論はキリスト教の布教に依拠して無理に神仏を独立・離反させようとする国家に有害な議論であり、とくにみずからを「仏神」と称するのは、「皇国」の禁忌にふれる傲慢不遜であると攻撃する。これに対して黙雷は、徳明の主張は皇室と国家の権威によって自己の「私説」を正当化しようとするものであって、それはかえって皇室を軽侮するものだと反論したのである。黙雷らの運動は効を奏し、明治八年の真宗四派の大教院からの分離に伴い、政府は神仏合併布教を禁止し、大教院は廃止されることになる。そして、代わって事前に準備されていた神道事務局が、神道者たちの結束の場となったのである。明治十年初頭には、教部省も廃止され、内務省に社寺局が設置され、神道・仏教を管轄下に置くことになる。こうした経緯は、明治初年の神道国教化政策という観点からみると一見後退・挫折を意味してようにみえるが、国家神道体制の確立という観点からみると、まさにその重要な一段階であったことは、以降の歴史展開からみて明らかである。[4]

こうしたなかで、神道界が新たに対処を迫られたのは、全国のほとんどの神職者たちを巻き込んだいわゆる「祭神論争」[5]であった。明治八年三月に創設された神道事務局内部には、伊勢神宮を神祇体制と教理の頂点におこうとする伊勢神宮派とそうした専横を非難する各宗派の神官教導職との対立があり、後者の立場を代表するのが出雲大社派であった。明治十三年四月の神道事務局の神殿落成を前にして、出雲大社大宮司の千家尊福（せんけたかとみ）は、かねてより神殿に天之御中主神・高皇産霊神・神皇産霊神・天照皇大神四柱とともに、大国主神を幽冥主宰神として「表名合祀」すべきだと主張していたので、遷座を機会に合祀すべきだとの建議書を同年一月に提出し、神道界の公論に訴えて議を決すべきことを要求した。大勢は賛成に傾いたけれど、断固これに反対したのが、伊勢神宮大宮司の田中頼庸（よりつね）であった。神宮派の頼庸らは、既存の四神によって顕幽両界の教理は具足しているので、このうえに大国主神を合祀する必要はないというのである。神宮派からすれば、大国主神を幽冥主宰の神と認めれば、天照皇大神は顕界だけを支配する神となって幽冥界には何らの神威も発揮できないことになってしまうからであろう。この大国主神合祀問題に、神道事務局の組織改革問題も絡み、神道界は一年余りにわたって、「祭神論争」の渦に巻き込まれることになるのである。

当時、吉岡徳明は備後国の沼名前神社宮司であったが、社寺局長・桜井能監（よしかた）の命によって上京し、調停者の一人として奔走することになる。彼は数度にわたって意見表明しているが、最も彼の考えを要約しているのは明治十三年十二月に田中頼庸に宛てた次の建議書であろう。

> 三神ハ造化ハ、万国普通ノ道原、天祖ノ神勅ハ皇国本教ノ基礎、顕幽分任ハ国教拡張ノ梁柱ナリ、……天壌無窮ノ神勅と顕幽分任ノ事跡トニ於テ、一点ノ疑ヲ懐ク者ハ、決テ吾カ神道教職ニハ非スト信ス、是ヲ以テ余謂ラク、本局ノ神殿四神ノ外ニ分任ノ両神ヲ奉祭スルハ、理ノ当

然ナル……若シ普通ノ道原ヲ教ル而已ナラハ、唯造化ノ三神ヲ祀テ止ムヘシ、若シ苟モ国教ヲ主張セント欲セハ、豈啻竪ニ天神ノ神勅ヲノミ説テ止ム可ンヤ、必ス横ニ分任ノ区域ヲ拡充セサル可ラス(6)

徳明は、神道の根本が「三神ノ造化」「天祖ノ神勅」「顕幽分任」にあるとの考えから、幽冥主宰神である大国主神を合祀することを求めるのであるが、それに顕界の瓊々杵尊を対応させペアを組むことで、両者を超える天照皇大御神とのバランスを図ろうとする。これは、彼が既に同年の九月に神座の位置を、

高皇産霊大神　　瓊々杵尊
天之御中主大神　　天照皇大神
神皇産霊大神　　大国主神(7)

のようにする調停案を出していることにも明瞭に示されている。この案は、四柱神に岐美と須佐之男および皇孫尊と大国主神を合祀する平田篤胤以来の定説を踏まえて、そのうちの岐美と須佐之男を省いたものである。十二月の建議書で注目されるのは、「竪」(縦)の「天祖の神勅」が「皇国

本教ノ基礎」であるのに対し、「横」の「顕幽分任」は「国教拡張ノ梁柱」だといっている点である。つまり、前者が「皇統一系」の国体維持の根拠であるのに対し、後者は「幽政ノ神威」が「顕政ノ皇威」を万国に発揮する根拠になっているというのである。そして、儒教は「人世一生ノ道ヲ教ル」にすぎないが、神道は顕幽分任により「生前死後ヲ教」えることにこそ「皇国惟神ノ大道本教」があると主張する。当時、教導職にあって民衆の教化に当っていた徳明にとって、「生前死後」を一貫して神道を説くことが布教には欠かせないとの確信は、天台の僧侶から篤胤派の神道家に転じたみずからの経験に深く根差していたであろう。

ところで、紛糾を極めた「祭神論争」がようやく収拾に向けて動き始めた頃、出雲派の中心メンバーであった本居豊頴らは、神道は「天皇自親ラ其大本ヲ執リテ皇化ヲ宣敷シ、民心ヲ陶冶シ賜フ所以ノ大道」で「神国国体ノ命脈」であるから、「神道ノ宗教ニ陥ンコトヲ痛歎シ、神祇官ヲ再興」することを建議した[8]。つまり、豊頴らは、祭神論が神道界に深刻な混乱をもたらすなかで、その原因が神道を宗教とみなしてきたことにあると自覚し、打開の方向を神道非宗教論の立場から神祇官の再興に求めるようになったのである。翌明治十四年一月に神道大会議は、このように神道を宗教から分離し超越させる認識に基づいて開催され、祭神問題については勅裁を仰ぐことが決定された。政府から神道取調委員に命ぜられた山田顕義は、最後まで祭神を勅裁で決定することに反対していた尊福に向かって、神道は「皇家ノ古典」によって講明する「大教」であるから「神官教職ノ私見」で「神典皇史」を勝手に解釈するのは大罪であること、また、教導職は皇室に密着する「朝旨賛補ノ職」であるから今後「保護ノ道」を立てる、と説いたので、尊福も遂に同意するに至った。[9] ここには、天皇の神聖不可侵性を堅持するために、神道と宗教を分離するだけでなく、「神典皇史」の自由な研究・解釈を認めず、国家の教学を確立していこうとする強い姿勢がみられる。

こうして結局、宮中の三殿に奉斎されている「天神地祇・賢所・歴代皇霊」を、神道事務局でも遥拝することに決するのである。そして、翌十五年一月には神官の教導職兼務が廃止され、神官が葬儀に関係することも禁じられ、「祭神論争」はようやく幕を閉じるのである。しかしながら、「祭神論争」のこのような政府主導の決着の仕方については、神道家内部に強い不満があっただけでなく、徳明の同年三月三十日付の「神祇官再興建議書」[10]に、「内閣ニ古道復興ノ議アリト聞キ……屢々新聞紙上ニ、演説壇上ニ、神道ハ宗教ナリ、政府ノ干渉ス可ニ非スト誣ヒ、或ハ神道ハ開明ヲ妨ルト斥ヒ、或ハ神官教職ハ、卑屈ナリト誹」るといっているように、依然として「自由民権ヲ主張」する人々の間にも厳しい批判があったのである。

二

以上述べてきた「祭神論争」によって露呈した神典解釈の混乱、神道界の四分五裂を克服するために、神道界の指導者たちは政教分離・教学分離の情勢のもとで、祭祀としての神道を「国体」と結びつける「国家神道」の道を歩み始めるのである。すでに、明治十四年七月、内務卿松方正義は「教義ト学事・祭儀トヲ分離スルニアラサレハ、政教混淆管理上猶支悟ナキ能ハス」[11]とし、「司祭上ノ議」については追って「改正」し、「修学ノ議」は「皇典」を研究して「祭祀幷旧儀古式」を明らかにするものを養成する機関として「皇典講究所」の設立を太政大臣・三条実美に建議する。そして、松方に代わって内務卿に就任した山田顕義より、翌十五年二月に恩賜金下賜の沙汰が伝えられ、十一月皇典講究所は開学の式を挙げるに至った。岩倉具視と薩長出身の官僚の支援のもとで設けられた皇典講究所は、有栖川宮幟仁(たかひと)親王を総裁に頂き、本居・平田系の国学者と宮内省式部寮関係の人々によって構成されていた。その講究所の設立目的は、「告文」に、

文明ノ化ハ術芸ニ立チ、道徳ニ成ル……全国精英ノ少年ヲ募集シ、専ラ国典ヲ講明シ、礼楽ヲ修習セシメ、其心志ヲ鞏固ニシ、其ノ徳性ヲ涵養セシメ、兼ヌルニ漢洋ノ学武技体操ノ術ヲ以テシ、其才識ヲ博メ、其元気ヲ養ヒ、以テ国家有用ノ人物ヲ陶冶シ、国体ヲ万世無疆ニ保維シ、皇道ヲ四裔ノ外ニ発揚スル大基礎ヲ立テントス、[12]

とあるように、「国典」や「礼楽」といった「道徳」を涵養する学問を中心にして、併せて外国の

学芸を学ばせ、「国家有用」の人材を養成することによって、欧米列強の脅威と文明開化の荒波のなかで「国体」を維持し、「皇道」を海外に発揚する基礎を築こうとするものであった。以後、府県社以下の神官はすべて皇典講究所の卒業証明書か同本分所の試験済みの証書が必要となった。

ところで徳明は、皇典講究所設立が決定された明治十五年二月に、『護国三論』[13]の稿を著している。これは、自由民権運動の勃興が「大義名分ヲ紊乱シ、吾国体ヲ蹂躪セント為ル」危機意識から、西洋文明の諸相の利害得失を論じた『開化本論』(『明治文化全集』第二四巻所収)を原理的に基礎づけるとともに、当時の活発な憲法論議のなかで、「国体」に基づく憲法論を展開したものである。「祭神論争」による神道界の混乱と明治十四年の政変による国家の危機が、国学者としての徳明に新たな対応を余儀なくさせたのであろう。こうした立場から、彼は「国体ノ枢機タル君臣大義ノ理論」を窮めようとした「皇学ノ先哲」の著書はそれこそ「汗牛充棟」であるが、しかし、それらの多くは「維新以前ノ著述」であるため、現在の「洋学窮理の緊喉ニ的切スルモノ殆ント稀ナリ」と断言する。

徳明によれば、「国体」の淵源を「天壌無窮ノ神勅」に求めるのは通有の議論であるが、それはあくまで「近因」でしかなく、大切なのは「遠因」であるという。彼は、「事々物々、自カラ成立スルカ如シト雖ドモ、若哲学ノ心眼ヲ以テ、朗ラカニ之ヲ観察スレハ、一事一物トシテ、自然ニ成立スルモノ有ルコト無シ」として「天地組織ノ理原」を追究する。それを知るには、身近な人間の身体組織から推察するしかなく、人体は「父母ノ精神精気」の「主宰」によって托胎・成長し、この「主宰ノ精霊」が人体から脱却すると「四肢百骸分散」してしまい死を迎える。それと同じように、天地未発の時には、「太虚」に「七十余種ノ諸元素ノ瓦斯」が散在し、そのなかに「一種不測ノ神霊」があり、当初は「主宰」する者とされる者との区別はないが、「神霊」が諸元素の「性質ヲ覚了」する「徳」をもっていたため、「神霊之ヲ主宰シテ、修理固成シ、終ニ天地と成シ、万物ト成ス」のだという。そして、この「神霊」こそが「吾カ神典ニ謂ユル天之御中主神ノ霊体」であるから、その嫡孫である天皇が「天地ヲ統御シ給フヘキ無上ノ天権ヲ有スル」のは「天理ノ常数」であるという。このように徳明は、漢籍とともに西洋の近代科学から摂取した知識を駆使して天地開闢の原理を究明し、そうした「遠因」にまで遡って「国体」を基礎づけようとしているのである。

このような理論的な立場にたって、徳明は民権論者の説く「欧米ノ民約論」は「人為憶測ノ妄理」であると主張する。すなわち、ホッブスからルソーに至るヨーロッパの「社会合約説」を振り返りながら、最初から定まった「真主無キ国」といえども、その人民が「合約」するに際しては必ず「社会ヲ主宰スヘキ勢力」が「合約」を首唱して、社会を組織するのであって、民権論者のいうように、自由平等の権利を有する人民が社会を組織するに際して「初テ主宰ヲ立ルモノ」ではないという。まして、我が国のように「天壌無窮ノ神勅」によって真の君主が定まっている国においては、「太古ヨリ皇室ニ伝ヘ給フ所ノ古格古式ヲ以テ欽定憲法ノ大基礎ト為ス」べきであって、「君民約束ノ国約憲法、人民合議ノ民約憲法」のような英仏の憲法に決してならうべきではないというのである。そして、「皇国ノ欽定憲法」は「君臣共ニ、己カ心ヲ以テ心トセズ、神聖ノ御心ヲ以テ其心ト為シ、各国ノ良法ヲ斟酌シテ、上下一致、神習フ」「世界無比ノ国憲」だと賛美するのである。

徳明が『護国三論』でこのような議論を展開していたとき、時代は大きな転換を迎えようとしていた。すなわち、西南戦争後のインフレーションを抑制するために松方財政が推進されるなかで、一方で、国会開設運動に力を注いできた自由民権運動も政党結社の段階に入り、運動の頂点に達しようとし、他方で、明治政府によって「国体」に基づく憲法が構想され、道徳教育の強化がはかられ、軍人勅諭が発布されるなど、近代天皇制国家の支配原理が確定してくる時期であった[14]。そして、神道を宗教から分離し、神官の養成機関を設立するという先の「祭神論争」の帰結は、明治政府の方向を示す具体策の一つであった。こうした急変する社会状況のなかで、しかも、「神代」や上代の出来事が当代の人びとにとって奇怪にしかみえないような状況のなかで、皇典講究所の使命を背負って、吉岡徳明は本居豊頴の協力のもと、宣長の『古事記伝』を簡略・改訂して、半ば国家公認の正統な古事記注釈書を作成することになったのであろう。それは、かつて島地黙雷と「廃仏毀釈論争」をして神道を擁護し、今また「祭神論争」で「調理者」の役割を果たし、のちに内務省社寺局の官僚に転身する彼にまさにふさわしい仕事だといえるかもしれない。

三

「はじめに」で述べたように、『伝略』十二巻は『古事記伝』四十四巻を「節略」することを第一の目的としているので、それがどのようになされたかを、まず問うべきであろう。青柳がいうように、一括して削除しているのは、「書紀の論ひ」「旧事記といふ書の論」「直毘霊」、「大御代之継継御世御世之御子等」という系図、十七巻に付した服部中庸の「三大考」の五項目であり、ほかは『古事記伝』の構成を忠実に踏襲しながら、詳細を極める補注を大幅に圧縮する方法がとられている。(15)削除した項目のうち、「書紀の論ひ」は「例言」に「総論等の中には皇国上古文字の有無または記紀二典の論ひなど古今其是非の定まらざる事に係れることは凡て省きつ」（六頁）とあることから削除の理由は明白であり、「旧事記といふ書の論」はすでに『旧事記』偽書説が定着している時点では不用ともいえるし、系図は省略しても問題はないといえるし、「三大考」は宣長自身の著作ではないからともいえるが、しかし「直毘霊」については、徳明が何故削除したかについて考えてみる必要があろう。

周知のように、「直毘霊」は、『古事記伝』の思想を集約し古道論を展開した宣長学の精髄ともいえる部分である。その論争的性格ゆえに、徳明は「書紀の論ひ」と同様に「古今其是非のさだまらざる事」とみなし、削除したのであろうか。だが、それは、上古文字の有無や日本書紀論などの部分的な問題と同列に位置づけることはできない、あまりにも重要な項目である。では、「例言」の二番目に「伝の説といへども今にして誰もいかにぞやとおもふことは都て取らず」（六頁）というように、宣長の「直毘霊」の主張をすべて徳明は捨象したかったのであろうか。もしそうであれば、「記伝に於ける宣長的な色彩を捨て丶しまふ事」[16]を意味するし、『古事記伝』そのものを否定することになるであろう。本文注釈と違って、ある部分だけを省略するという方法がとりにくい「直毘霊」の論述形態のゆえに、一括して削除されているが、徳明がその全部を否定したかったとは思われない。したがって、彼にとって受け入れがたかった「宣長的な色彩」が何なのかを知るためには、あわせて本文注釈の省略・加筆の仕方を個別的に検討していくほかはないであろう。ただその場合、『伝略』には徳明自身の思想がほとんど述べられていないので、『伝略』を執筆して数年後に書かれた『建国』六篇[17]を参照しながら、徳明の『古事記伝』への態度を探っていこうと思う。

『古事記』は「天地初発」時に成った天之御中主神・高産巣日神・神産巣日神三神の別天神から説き起こされる。宣長は、最初の天之御中主神ではなく次の二柱の産巣日神の神観念により特異な秩序生成論を展開する。つまり、彼は「ムスビ」の語義と「神代の事跡」から、産巣日神を万物と「事業」の生成者と位置づけるのである。しかし、徳明はそうした語釈を受け入れながらも、『古事記』序の注釈で異なる生成論を展開している。そもそも彼の『古事記』序への関心のあり方が宣長と大きく違っていることは、「節略」をいいながら、「序解附録」を増補し、「例言」でも『古事記伝』の「序の解は甚簡略に過てことのあきらめ難き節も少なからず。故今伝略の題意に違ふといへども還て之を詳細に為むことを勉む」（六頁）といっていることからも明らかである。宣長が、『古事記』成立の経緯を語る後半部分以外は、「たゞ一わたり解釈て、委曲はいはず、其はみな漢ことにして、要なければなり」[18]とする態度をとっているのに対し、徳明は漢文で綴られた「記序」に天地が生成する原理を見出しているのである。

宣長は「天地のいまだ剖れざりし前の状」を「混元」、「万物の成出る」ことを「陰陽乾坤」（同前）の理論で捉える『古事記』序の文句を「漢意」であると否定し、産巣日神による天地万物の生成説を主張する（『古事記伝』、IX・一二九―一三〇頁。以下、『伝』）。ところが、徳明によれば、「誰も其状を知べき訳は無もの」は始原の「混元」だけであって、「乾坤」「陰陽」による万物の生成は「知らるべき条理の、あることを説出して」（二三頁）いるとされる。こうした立場から、「本居大人等ハ、天地開闢の有状などハ、固より造化の神霊の御所為なれバ、凡慮の測り知るべきものに非ずと云ハれて、先づ棚の上へ挙げて置かれたで有ます」が、「今の世の中ハ、理論流行で有ますから、中々其でハ合点致しませむ」（『建国』第一篇）というように、宣長の「神の御所為」による不可知論が徹底的に批判される。徳明は田中頼庸の説を踏まえて、産巣日神の「造化」の機能を天之御中主神に一元化し、「乾坤」を「天地」に「陰陽」を「雌雄」に比定したうえで、「総ての文意は、天地万物は、悉く皆神業に由て、出来たるものなればと云意を出でず、其を漢語を修飾て、文を作せるのみ」（二四頁）と、天地万物の生成を陰陽論で説明することと「神業」で説明することとは本質的に異なるものではなく、両者の違いは無視することが可能なのだという。これでは、宣長が力説した「漢意」批判はまったく無意味なものになってしまうであろう。では、徳明は儒家神道の陰陽論に復帰したのであろうか。そうでないことは、彼の一元化された天之御中主神の観念によく表れている。

先の『護国三論』において、天之御中主神は「主宰ノ神霊」と位置づけられていたが、『建国』第四篇では、記紀神話に即しながら、より詳細な見解が述べられている。彼は、「天御中主大神の大霊体」を「一大元気」といい、それは仏教で「法体」、西洋科学で「元素」に当り、「無始無終不生不滅」の人智不測の物だという。この「大霊体」の「霊明智覚の性」が、仏教で「覚性」、西洋科学で「霊素」という「天御中主大神の大神霊」だという。これは、「全智全能を具備して、甚だ清く明かに坐せば、之れを称へ奉りて厳之神霊と申」し、それが天地万物の「大本」で「惟神皇道の大基礎」だという。この「厳之神霊」が、伊勢神宮にある三種の神宝の一つである「霊鏡の本体」なのであるが、これと霊体の一大元気が相交じり自由自在の神徳を備えたのが、仏教の「慈悲」、キリスト教の「愛友」、儒教の「仁」に当る「和魂」であり、その「霊代」が「神璽」であるのに対して、両者（神霊と霊体）が「主宰する物と主宰せらるゝ物と厳然に差別ある」のが「荒魂」であり、その「霊代」が「宝剣」であり、「人事の規則にして礼儀の因て起る所以」であるという。つまり、天御中主大神は和魂と荒魂とを備える「元徳の神」なのであり、二つの魂の関係により「幸魂」の高皇産霊神と「奇霊」の神皇産霊神に分かれるので、結局、「造化三神とは申せとも其実は一柱の如く坐ます」というように、一元化された機能と役割を天御中主大神は担わされているのである。

こうした生成の原理のもと、天之常立神は宇宙の星々という「天体の退立限を統へ司どり」、ウマシ・アシカビ・ヒコヂの三つの語句がそれぞれ「鉱物・植物・動物」を意味する宇麻志阿斯訶備比古遅神は「万物の精気を含蔵護持し」、これら計五柱の別天神は、地球という「一天地」だけでなく「太虚中に数多の天地世界ある其天地を統べ司とる天神」だという。それと同様に、次に成る国之常立神は天の「鉱物玉石の精気」が地軸となり出来た大地球をつかさどり、豊雲野神は地中の水気が凝りて出来た泉界とそれが蒸発して出来た月球をつかさどるが、ともに「一天地」に限定された地球・泉界ではなく数多くの世界のそれなので、「別地神」「別泉神」ともいうべき神だという。つまり、徳明の考える別天神と国之常立神・豊雲野神による天地万物の生成は、日本でも地球でもなく宇宙全体として普遍化されているのである。次にくるのが、いわゆる対偶神といわれる五対の神々である。宣長は豊雲野神から訶志古泥神までの九柱の神名は「国土の初と神の初との形状を、次第に配り当て負せ奉りしもの」（『伝』、Ⅸ・一五一頁）と捉えていたが、徳明はこの宣長の総括的な注釈を削除している。それは、「皇国の神典の上にて云は、産霊二神より、伊邪那岐伊邪那美の神に至るまでの、神の御所為にて、陰陽の理、原より正しきなり、五行の序は、謂ゆる風火金水土の、五元神の御所為の、順序を申すなり」（三二頁）と、陰陽五行説で捉えていたからであろう。彼は、大国隆正説を敷衍して、宇比地邇神（ウヒヂニ）・須比地邇神（スヒヂニ）は鉱物の「玉・金」、角杙神（ツノクヒ）・活杙神（イククヒ）は「木類・人類」、意富斗能地神（オホトノヂ）・意富斗能弁神（オホトノベ）は「舅と婆」、面足神（オモダル）・惶根神（カシコネ）は「面足る男を惶む女」であり、「誘陽精・誘陰精」である伊邪那岐神・伊邪那美神は国土万物・諸国の国魂神・風火金水土の「五元神」を「産生」したという。ここに、当時における西洋文明の圧倒的な優位性のなかで、それを取り入れながら神儒仏洋のいわば四教一致ともいえる方法で、それに対抗しようとする彼の必死の努力を読み取ることができるであろう。宣長が、「神の御所為」を古典に限定することによって、沈潜し読み解いたのとはまったく反対の方向に、徳明は目を向けているといえよう。

四

黄泉国の神話は、宣長にとって、死・穢・悪などを説明するのに最も重要な意味を担ったのである[19]が、徳明は黄泉国へ神去った女神を男神が追ったのは「雌々しき和御魂」の極みであり、女神は穢しき黄泉国の「真相」をみせて「雄々しき荒御魂」を振り起こさせたのであり、千引の岩をはさんでの言い争いも「男神の諍ひ勝給ふは則ち天地自然の道理」であり、もしこのとき負けていたら「此世は挙て泉津国と成るべきなり」（『建国』第四篇）という。さらに徳明は、ここに一つのエピソードを挿入する。彼は、伊邪那美神は青人草を千人殺すといった後「菊理媛神」というみずからの荒魂を産み、千人殺すといったのは岐神が千五百人を産む「基」をなすためで、黄泉国より「汝命の顕世の事業を助け護」といわせている。それは、伊邪那岐神の「絶妻誓」だけでは「陰陽の結び絶果て、世界の事業は止むへきか故」であるという。つまり、黄泉国という一つの世界は、陰陽に比定された男尊女卑の論理で読み解かれ、死者の世界として独自性を発揮することなく、善悪の問題も生死の問題も語られることはないのである。

こうした徳明の黄泉国神話の捉え方は、宣長が伊邪那岐・伊邪那美の国生みから三貴子の分任に至る出来事から抽出した「吉善事凶悪事つぎつぎに移りもてゆく理」（『伝』、Ⅸ・二九四頁）を、本文からすべて削除してしまったことにも表れている。これは、宣長学のなかでもとりわけ独自な性格を有する禍津日神の「世間にあらゆる凶悪事邪曲事などは、みな元は此禍津日神の御霊より起るなり」（同前、二七二頁）という語釈を彼が削除していることにも関係している。『建国』第四篇では、伊邪那岐の禊祓で生まれた神々として、天照大御神・須佐之男神のほかは、瀬織津（せおりつ）・速秋津（はやあきつ）・伊吹（いぶき）戸主（こぬし）・速佐須良（はやさすら）という『古事記』ではなく『大祓祝詞』に出てくる神々を挙げ、それら四神を「荒魂・和魂・幸魂・奇魂の四徳の神」としている。ここでは、「吉善事凶悪事」という世間の出来事を説明する神は、再び思弁的原理の世界を弁証する神に置換されてしまっているのである。

黄泉国神話と天孫降臨との間に位置する天照大御神と須佐之男神の物語に対して、徳明は陰陽＝男女の観点から独特の意義づけをしている。天照大御神が父伊邪那岐神の「事寄し」のままに高天原を治めたのに、須佐之男神が葦原中国を治めず母を慕い泣き続けたことについて、「女神にして父に従ひ、男神にして母に意引る丶は、此亦天地陰陽自然の道理」（『建国』第五篇）であるが、しかし前者が「順にして吉事」であるのに対し後者は「逆にして凶事」であるから、葦原中国に災いが起こったのも当然の「理」だという。その天地陰陽の理は「一身を修むるより始て天下国家を平治する事業に至る」まで貫徹していると主張する。ここには、儒教の家父長制道徳を基礎にした「修身斉家治国平天下」という朱子学的な政治理念をみることができよう。そして、両神の誓約により、天照大御神の頸珠より天皇の血統、須佐之男神の剣より天皇の母方の血統となる「御子」が生まれ、「神胤」が現代に至るまで永続していることを賛美する。つまり、徳明は誓約の事跡に「天地陰陽交互する道の絶ざる理」を認め、そこに「吾が皇統の由て起る一大事業の基本」を見出すのである。

このような男女という陰陽の理によって天皇支配を根拠づける議論は、宣長が、「善神〔天照大御神〕と悪神〔須佐之男神〕との、御誓の中に生坐る御子の御子の、此天下を永く所知看こと、又深き所以あるべき」（『伝』、Ⅸ・二九三頁）として、天皇の永続的支配の根拠を「悪神」である須佐之男神との子であることに認めていたのと、まさに対照的であるといえよう。

さて、記紀神話における天孫降臨を徳明はどのように捉えているのであろうか。彼にとって、禊祓で生まれた天照大御神は「有形の天之御中主」であり、天上から天下を照らし、天孫は天之御中主神に対応する「国之御中主神たるを以て現津御神と称へ」（『建国』第五篇）られているというように、天照大御神も天孫も天之御中主神まで遡及して初めて根源的な価値を有していた。それは、宣長が岐神の「事依」に高天原支配の正統性を見出し、天照大御神を最高神と位置づけたのとは違って、宇宙創成の始原にまで遡ることによって、より普遍性を獲得しようとする徳明の基本的な発想を表現している。そうすることによって、彼は、「神典」の語りから「神代」の位相を捉える宣長神学の枠組みを乗り越えようとするのである。

宣長は黄泉国での伊邪那岐命の言葉として初出する葦原中国を日本と理解し、高天原より見て「葦原の中なる物」（『伝』、IX・二五一頁）による命名だと捉えていたが、徳明は「中国とは地上の総号にして、夜見国よりは、上国とも、中国とも云るなるべし」（一一九頁）として、宣長の考えを真っ向から否定している。「中」の捉え方の方向が全く逆であるとともに、日本を超えて地球規模の空間であることが明言されているのである。そして、そのことを史料的に裏づけるために、天孫降臨の際の「豊葦原之千秋長五百秋之水穂国」という国名を日本の美称を表す一語とするのではなく、「豊葦原の中国にて取分け都し玉ふべき国を指定め」、それを「水穂国」（瑞穂国・玉垣内国）（『建国』第一篇）と呼んだのだというように、「地上の総号」である葦原中国の中に「瑞籬」して「都し玉ふべき国」である日本というように二段階の語に解釈する。したがって、天孫が降臨したのは「瑞籬之内津御国なる大八洲」であって、天孫はここを拠点にして「終に地球上を統御し給ふべき天徳を備へ」(『建国』第五篇)ているというのである。

徳明はこうした思考に基づいて、伊邪那岐・伊邪那美が産んだのは大八島だけではなく「一大地球」なのだから岐美は地球に対し「義務」があり、洋学者がいうように「一箇の義務が有れば一箇の権利がある八天然の原則」だから、「其皇孫の承継玉ふ権利」(『建国』第一篇)があるのは日本だけでなく地球全体だと主張するのである。このような議論は、洋学者からすれば「望外の空理」にみえるかもしれないが、「天津神より授け玉ひし儘に伝へ来たる」「祈年祭の祝詞」にも明確な根拠があるという。すなわち、すでにそこに「遠国ハ八十綱打掛て引寄る事の如く、皇大御神の寄さし奉らば云々」(同前)とあるように、外国が天皇の威光に服して貢ぎ物を捧げることが、強く期待されているのである。もちろん、こうした「国威を海外に振起して万国統御の事業」を夢見ること自体は、「皇大御国」が天照大御神の生まれた国であり、その「御子」である天皇が永遠に統治するという『直毘霊』冒頭の宣長の国家論にその萌芽をみることができようが、同じく「皇大御国」の優越性、天皇統治の絶対性といっても、宣長の生きた「鎖国」下の対外的には平穏な時代と違って、徳明の「皇大御国」観は、欧米列強の厳しい外圧のなかで、国民国家を形成する万国対峙の時代に照応するかのように、はるかに膨張し肥大化しているのである。世界のなかの弱小国でしかないことを強く自覚せざるをえない状況のなかで、徳明は「皇典」に基づいて皇国の尊厳を学び「愛国の精神を発揮する」ことしか、世界に「雄飛」（「愛国心の弁」）する方法がないと考えていたのである。「国民」というものが、B・アンダーソンのいうように「想像の政治共同体」[20]であるとするならば、「愛国心」の核心を「一国の人民が世態千万の変遷を経て懐古の情を同ふするもの」に求め、その「懐古の情」はその国の歴史上に伝わる「事跡」（同前）の研究より生じるとし、みずからの国学の課題をそこに据えて国民国家の形成に寄与しようとした徳明の戦略は、確かに正鵠を射ているといえるかもしれない。

最後に、徳明が「三大考」を削除したことに少しふれておきたい。先に、宣長自身の著作でないから省いたともいえると述べたが、こうしてみてくると、もっと根本的な理由があったと考えた方がよさそうである。彼は、「天」が「日光の及ぶ限りを日と云ひまた昼とも云ふ」のに対して、「泉」は「日光の及はぬ限りを夜と云ひ又暗とも云ふ」（『建国』第四篇）と述べ、「泉」の本部は地球の大地の中心にあって、伊邪那美大神がそこに鎮座しているという。そして、須佐之男神が母伊邪那美神を慕って泣き続けたため父伊邪那岐神が行けといった「根国」は、「泉の一大新都」である「月界」であるという。それは、伊邪那岐神が鎮座した「日之少宮」が、天照大御神が誕生するまでは「天界の諸政皆斯より発」する「天の本部」であったが、その後は天照大御神が鎮座する「日之大宮」が「新都」となったのと同様であるという。これらの解釈が、「天・地・泉」の垂直的三世界の分離生成を図解し解説した『三大考』と異なることは明白であろう。それとともに、先に述べたように、国之常立神と豊雲野神を「一天地」に限定された地球・泉界ではなく数多くの世界を司る「別地神」「別泉神」としていることからもわかるように、彼の関心は「一天地」の「天・地・泉」という三世界の生成を超えて、それ以前の宇宙生成という天文学的世界から始まる生成まで究明することにあったのである。

徳明はいう、「本邦は皇統一系万世不易にして、徒に他の革命の国に異なる而巳に非ず、其建国ハ遥かに大古神代の時に淵源し、其原理は遠く天地未開以前に胚胎せり」（『建国』第二篇）。そうした「原理」主義からいえば、『三大考』の世界は歪小なものにしかみえなかったであろう。『伝略』に「黄泉国」を「史伝には、黄泉国には非ず。幽界にて、其処は、此大地上に在て顕界と、間隔るのみと云り」と篤胤の『古史伝』を引用してわざわざ大国主神が去った所は「黄泉国」ではなく、「幽界」であると注記しながらも、『建国』などでまったく幽冥界の主宰神としての大国主神に触れず、死後の問題を語らなくなったのは、祭神論争における「平田神道の敗北[21]」を何よりも明瞭に物語っていよう。

おわりに

本章は、吉岡徳明の『古事記伝略』の歴史的位置を明らかにするために、祭神論争を中心にした『伝略』の成立事情に焦点を当てて検討をすすめてきた。なぜなら、既に藤井貞文も指摘するように、この祭神論争に国学史上の近世と近代の分岐点があるように思われるからである。[22]

当時の新聞は、祭神論争の決着と新たな出発のために開催された神道大会議の模様を、こぞって報道したが、そのなかで『東京日日新聞』には、次のような興味深い記事が掲載されている。

> 神官等ノ所謂ル今日ノ神道トハ、神代史ヲ古書ニ考証スルノ専門学ヲ云フニ外ナラサルヘシ、僅々ノ古書ヲ論拠トシテ、一家ノ説ヲ立ルカ故ニ、或ハ安万侶カ古事記ノ序ニ、乾坤初分、参神作造化之首ト叙ヘタルヲ証トシテ、天之御中主神・高御産巣日神・神産巣日神ヲ造化三神ナリト云ヒ、或ハ百不足八呵十手隠而侍トアルヲ引キテ、大国主神ハ幽冥ヲ主宰スルナリト云ヒ……各自其信スル所ヲ論拠トシテ一家言ヲ立ル者ナルノミ、去レハコソサシモヤカマシカリシ幽冥主宰ノ弁論モ、一和協議ニ相成リタルモノナルヘシ、若シ信ニ是レカ真ノ宗教ナラハ幽冥ヲ主宰スル神ノ事ニ付キテ、協議ノ出来ヘキ筈ハナキ事ナリ……幽冥主宰ノ事ハ、畢竟、学問上ノ議論ニシテ、宗教上ノ議論ニ非ナルカ故ナリ[23]

「神代」の解釈をめぐって展開された国学者の主張が、ここではみなわずかな史料的根拠に基づく「一家ノ説」でしかないと断言され、だからこそ、あれほど紛議した「幽冥主宰ノ弁論」も政府主導によって「一和協議」して決着がつけられたのであり、それは、神官らのいう「神道」の主張が「宗教上ノ議論」ではなく「学問上ノ議論」であることを何より証明しているというのである。そして、祭神論争による神道界の混乱は、「真ノ宗教」でもない国学者の「一家言」をあたかも宗教の如くみなして国民の教化に役立てようとしたところに起因しているのであるから、学問と宗教を明確に分離せよ、と結論づけられるのである。

このような祭神論争の一つの帰結を考慮に入れて、『伝略』の性格を改めて考えてみると、徳明のような宣長とは対照的な神道思想の持ち主が、何故に、本居学の継承者である豊頴や皇典講究所教師の「検閲」の下に、『伝略』のような著書を書くに至ったのか、という意味が少しはわかってくるように思われる。宣長の『古事記伝』の学説であれ、篤胤などの学説であれ、およそ国学者の独自な主張は、宗教から分離された祭祀に専念すべき神官を養成するための初級の注釈書としては好ましくないものとみなされ、各学派の個別的な主張は極力抑制して、共通の認識の範囲内に留めようとしたのであろう。そしてその場合、こうした仕事を徳明がすることになったのは、「皇学ハ甚だ衰微し漢学も余りに流行せず唯々洋学一方が盛なる」(『建国』第一篇)ような欧化主義が一世を風靡する状況のなかで、『古事記』の神話が人々に受容され、各人の生活を律する思想として生き延びるためには、宣長の学説と注釈のどこを削除し、どこを補正しなければならないのか、という点について、彼が最も明確な意識をもっていたからであろう。その結果、「宣長をも篤胤をも踏み越えよう[24]」と意図した『伝略』であるにもかかわらず、ここには徳明独自の思想や解釈はほとんどみられず、それは専ら『建国』など他の著書に委ねることになったのである。そして、『伝略』とその思想的背景をなす『建国』にみられる「神代」の解釈は、篤胤学とくに大国隆正や鈴木重胤の神道思想の影響を受けて、洋の東西を問わず、当代のあらゆる思想を駆使して「神代」の道理の普遍性と「皇国」の優越性を説くものであったが、このような「神典」の文献を無視した思弁的解釈は、もはや近世の国学の終焉を意味していたと考えざるをえないのである。宣長の「神代を以て人事を知れり」（『伝』、IX・二九四頁）という視点の捨象はその端的な表れである。祭神論争による宗教と学問の分離は、近世の国学を、一方で、西洋の文献学を媒介にしたより科学的な学問としての「国文学」の方向に導くとともに、他方で、民間伝承の研究を基礎に据えて神道の再生を目指す「民俗学」の方向に導くのに、一つの大きな社会的契機になったように思われる。

註

（１）吉岡徳明『古事記伝略』上巻（国民精神文化研究所、一九三八年）六頁。以下、同書よりの引用は頁数のみを本文中に記す。なお、傍点は引用者。

（２）青柳秋生「古事記伝略解題」「吉岡徳明略伝」（前掲『古事記伝略』上巻所収）、阿部秋生「古事記伝略の

史的意義」(『国文学 解釈と鑑賞』一九四三年九月号)。なお、藤井信男「古事記伝略の成立事情に関する一考察」(『國學院雜誌』一九四一年六月号)は、徳明の『古事記』序文への註解が亀田鶯谷の『古事記序解』(明治九年九月刊)の影響下になされたものであったことを指摘している。

(3) 今井淳・小沢富夫編『日本思想論争史』(ぺりかん社、一九七九年)三五二―三五三頁参照。

(4) 安丸良夫「近代転換期における宗教と国家」(『宗教と国家』日本近代思想大系5、岩波書店、一九八八年)、阪本是丸『国家神道形成過程の研究』(岩波書店、一九九四年)等参照。

(5) 藤井貞文『明治国学発生史の研究』(吉川弘文館、一九七七年)、西田長男「国家神道の成立」(『日本神道史研究』一、講談社、一九七八年)、中島三千男「大教宣布運動と祭神論争」(『日本史研究』一二六号、一九七二年)、宮地正人『天皇制の政治史的研究』(校倉書房、一九八一年)第二部第一章等参照。

(6) 前掲『明治国学発生史の研究』三九七―三九八頁。

(7) 同前、三〇八頁。

(8) 同前、三八八―三八九頁。

(9) 同前、六二五―六二七頁。

(10) 吉岡徳明『角組葦』二之巻(国立国会図書館所蔵)所収(頁数不記載)。

(11) 『國學院大學八十五年史』(國學院大學、一九七〇年)一五―一六頁。なお、皇典講究所については、阪本健一『明治神道史の研究』(国書刊行会、一九八三年)第五部第四章等参照。

(12) 同前、二四―二五頁。

(13) 前掲『角組葦』二之巻所収。

(14) 猪飼隆明「自由民権運動と専制政府」(『講座日本歴史7 近代1』東京大学出版会、一九八五年)、前掲「大教宣布運動と祭神論争」、前掲『天皇制の政治史的研究』等参照。

(15) 前掲「古事記伝略解題」一〇頁。
(16) 同前、一一頁。
(17) 前掲『角組葦』一之巻所収。『建国』六篇の内訳は、第一篇「建国之説難」、第二篇「建国説序論」、第三篇「建国説例言」、第四篇「建国説之上」、第五篇「建国説之中」、第六篇「建国説之下」であるが、そのうち記紀神話に特にかかわるのは第一篇、第四篇、第五篇、第六篇である。
(18) 『本居宣長全集』第九巻（筑摩書房、一九六八年）六頁。以下、同全集よりの引用は、本文中に書名、巻数・頁数の順で記す。
(19) 拙稿「宣長神学の構造」（『思想』六九七号、岩波書店、一九八二年）参照。
(20) B・アンダーソン『想像の共同体』白石さや他訳（リブロポート、一九八七年）一七頁。
(21) 前掲『日本神道史研究』一、三二四頁。
(22) 前掲『明治国学発生史の研究』一頁参照。
(23) 同前、六三九頁。
(24) 前掲「古事記伝略の史的意義」一四八頁。

初出一覧

第1章　田安宗武の『古事記詳説』→『下関女子短期大学紀要』一二号（一九九三年）
第2章　上田秋成の『神代かたり』→『下関女子短期大学紀要』一〇・一一号（一九九二年）
第3章　橘守部の神典解釈→『日本思想史学』三五号（日本思想史学会、二〇〇三年）
第4章　平田篤胤の神典解釈→書き下ろし
第5章　富士谷御杖の神典解釈→『季刊日本思想史』六四号（ぺりかん社、二〇〇三年）
第6章　富士谷御杖の「斎宮」再興論→『下関短期大学紀要』一九・二〇号（二〇〇二年）
第7章　吉岡徳明の『古事記伝略』→『下関女子短期大学紀要』一三号（一九九四年）

著者略歴

東 より子（ひがし よりこ）

1947年生まれ。津田塾大学卒業。早稲田大学大学院文学研究科修士課程修了。一橋大学助手を経て，下関女子短期大学に赴任。元下関短期大学教授。

専攻―日本思想史

著書―『宣長神学の構造――仮構された「神代」』（ぺりかん社）

装訂――鈴木 衛

編集協力――真文館

国学の曼陀羅（こくがくのまんだら）
宣長前後の神典解釈

2016年4月10日　初版第1刷発行

著　者　東 より子

発行者　廣嶋 武人

発行所　株式会社 ぺりかん社
〒113-0033　東京都文京区本郷1–28–36
TEL 03（3814）8515
http://www.perikansha.co.jp/

印刷・製本　S企画＋創栄図書印刷

Printed in Japan　ISBN 978–4–8315–1435–6